明蜀王文集

五種

四

胡開全 主編

巴蜀書社

長春競辰藁

〔明〕朱讓栩撰

明嘉靖二十八年蜀藩刻本　十三卷餘藁三卷

長春競辰藁序

先考成王所著之集也蓋謂悟
道忘言得於所遇而適之爾
矧夫道與神會理與心涵初
無容於有言至若欣觸交中
情溢而言形則有不待言而

言也卒之不言之言者神而
言之言者聲聲成而詩自生
焉譬之氣激簫管音律自符
機搖祕發玉應金隨庸非牽
強者也猗歟休哉予
考以雄邁之材通明之識年踰

四教學憤三餘凡著於簡篇者覘然風雅之咏發揮造化之微亦皆得乎性情之正而已惜乎學易之帷遺跡未寒而翔空之鶴一去不返尚忍言哉尚忍言哉其內外輔臣

編輯遺稾編成而遂鋟於木予也不敏姑綴蕪辭簡以信後也嗟夫寒璚之光靈劍之氣衝映人間祥麟之角儀鳳之毛終爲世瑞其無忝於睿心也千載而下想見其

神儀莊度冐勝景仰也噫
嘉靖二十八年己酉秋七月
吉旦不肖孫子
蜀王　謹頓首拜識

長春競辰藁序

慎往歲備員史舘獲閲秘書嘗
莊誦
孝宗敬皇帝御製賜
蜀昭王詩曰河間禮樂文風盛江
夏忠勤世業昌異代豈能專美事
吾宗亦自有賢王稽首颺言曰

聖有謨訓何其深切著明而辭無溢
美乎蓋蜀自
獻王始開國于成都自其未之分
封日則宋景濂爲之傳及其就
邸則方孝孺授其書且蜀之封
疆當西南之坤坤爲文先哲有
論說矣又纘漢代司馬王楊之

風嗣唐世子昂太白之藻其興
觀染植若此則其處炳虎變彩
鸞鳳翥豈偶然哉嗣是以後四
葉相承皆有文集行世固他藩
所罕見也
孝皇天言不為溢美矣五葉而傳于
今上攸遵

祖訓丕承先志懿德善行事皆可書
有司奉
詔以
聞禮官議請崇獎我
皇上遣官降
勅書忠孝賢良坊以示表異奎是而
名益彰顯典國政之暇手不釋

卷顏其游憩池榭園曰長春不
著長物惟富圖籍其讀聖賢書
及忠孝說訓子篇遺教令根極
理要遠追古人而適情詠物懷
古雜擬式遵溫柔敦厚之旨齋
饒綠情綺靡之聲著述滿家儒
林稱頌真有

言人定庶作者之風及其疾篤臨終索文山詩誦之則視河間可鴈行而於江夏有過無不及者平生賦詠論著無慮千百自名其集曰長春競辰藳盖王於簡編日閱有程觀經史凡幾卷手集凡幾卷臨摹法書凡幾

紙作詩日幾首屬對凡幾聯比
之青衿儒生錦帶居士勤渠倍
之故曰競辰亦自道也顧命慎
俾序之慎昔奉
朝命祭于
寢園則奉
殿下睿教矣序其敢後然而才非

況約何以賚竟陵王之文學匪
韓愈詎能述曹成王之美敬首
誦
孝皇之詩以冠于篇蓋亦風昔史職
也
嘉靖戊申夏六月既望博南謫
戍前翰林史官成都楊愼薰沐

敬序

長春競辰藁序終

長春競辰藁目錄

卷一

表箋類

素扇　擬白玉蟾徯鶴亭韻

南崇别號

仲春晚眺克慎軒前樹構鸛巢偶作

秋夜聞雨　水仙花

井　蘭兄蕙弟圖

冬夜　舟中

螢　山水圖

送侍御謝捐齋廵蜀回京

夏日　泛舟

卷四

五言排律類

夏浪滔天　秋波漾月

冬濤噴雪　山河壯帝居

水碧蜀山青　秋雨細飛檐

白鶴歸遼海　密霧隔朝陽

清曉霜華重　萬國奉君心

霜凋柳葉稀　霧雨濕庭堦

桃花絢曉霞　芭蕉風雨聲

沽酒醉梨花　芍藥鬬春風

五星如連珠　空山濕翠衣

雜興十首

卷五

六言詩類

散花樓　摩訶池

浣花佑聖夫人祠

張儀樓　桐花鳳扇

長樂花　文君井

薛濤井　君平卜肆

對青竹

卷六

七言絶句類

隱舟圖　扇

蓮塘白頭鳥　紅蘭

白頭翁　葵萱二首

人物芭蕉　枯木寒鴉

觀山圖　停舟觀鴈圖

蕉鹿夢　山水人物

賜承奉周宣扇　戲書扇

海棠鳥　春日

賜承奉陶宣別號菊潭

翦面　水墨牡丹
秋晴　立冬
梅花　鴈
霧　冬夜觀書
春晚偶成　翦面海棠
黃紅蕉　柳上雙燕
竹上白頭翁　白梅
燭　絳碧桃
翦面　裁紙刀

扇面賜世子　大雨有作
扇面竹　白燕
紅菊　扇面鳥
答進扇者　夏江人物扇面
扇面　紅梅
綠萼梅　萱草圖
夜賞詠風花雪月
鵬

秋日詠蟬　雙頭蓮實

賜承奉石磬七襄詩軸

賜承奉周宣別號檜峰

秋夜聞促織有感

秋陰　七夕

新月　久雨

月中竹影　秋晴

秋風　霑天雨

贈德陽王來鶴樓詩

卷九

七言律詩類

瀟湘八景

平沙落鴈　遠浦歸帆

瀟湘夜雨　漁村夕照

長春十景

內苑風光　覽岱舒眸

華軒雄峻　清隱肅氛

逸興書懷　奇山佳麗

曲檻幽泓　布春六極

此君鏘珮　洞天仙境

綠萼梅　落霞

擬無題用元人馬祖常韻五首

擬元人韻十首　紅杏雨

綠槐烟　黃蘆風

梅花雪　鴈

賜甯承奉生日　黃鸝兒花

白鸝兒花　詠井

賜周承奉生日

嘉靖己亥歲仲秋二十六日

欽賜龍脈感荷有作

卷十一

七言律詩類

卷十二

歌行類

鸚鵡來行　擬洞天仙遊

擬元人錙敬瀟湘圖韻

和瞿存齋四時詞四首

壽松翁　仲冬獲鵰

擬春遊踏青用元人韻

桃源圖擬韓退之韻　和東坡四時詞四首

擬夏曉行

卷十三

古樂府類

香奩八詠擬元人韻

翠袖啼痕　黛眉顰色

月奩勻面　水盆沐髮

繡床凝思　金錢卜歡

香塵春跡　霜杵秋聲

踏歌詞二首　漁翁圖

芙蓉花古體　禽言古體

禽言四絕

步虛詞十首擬唐韋渠牟原韻

長春競辰藁目錄終

長春競辰稾卷之一

表箋類

誕育

皇儲慶賀表

伏以

乾坤清泰世已際乎亨嘉

日月光華運益啓乎昌大賴

一人之有慶仰

繼照之重離恭惟

長春競辰稾卷之一 一

皇帝陛下
學本聖賢
道同堯舜
至孝通於神明
泰和孚於遐邇是以
元嗣篤生承
祧之有托
金枝彌茂
主器之得人喜溢

兩宮懽騰
九廟是誠
天人協應之禎
宗社無疆之福也臣〇〇爵忝親藩躬逢
盛事恪守西川迓
綸音之遠播傾忱
北極荷
天澤之普施雀躍再三嵩呼曷已臣伏願
帝德誕敷永享靈長之祚

皇天眷佑益臻繁衍之休臣無任瞻
天仰
聖忻躍之至謹奉
表稱
賀以〻
聞

册立
皇太子慶賀箋
伏以〻

正位
儲宮紹
皇圖於
盛世展親同姓
頒厚賜於藩邦
恩禮無隆曷勝感戴敬惟
皇太子殿下
英資天錫
聖智日新

重明翊贊於治平
懋德祗承於
謨烈是以光昭
宗社而
寶曆愈昌也　臣望
前星而恭拜祝
睿筭以千秋　臣○○無任瞻
仰激切屏營之至謹奉
箋稱

賀以
聞
勑旌忠孝賢良　謝表
伏以惟
皇作極昭至德以展親
盛世推恩廣仁風而育物宗藩有賴王道無
私恭惟
皇帝陛下
德同堯舜

學本聖賢
仁孝冠乎百王制作先於
列聖是以四方風動而九族霑
恩也 臣 世守蜀藩遥瞻
北闕辛蒙
寵錫之蕃愧乏涓埃之報仰惟
祖訓恪守
聖化陶鎔過沐褒揚有忠孝賢良之奬愈增惶
汗存憂勤惕厲之心伏願

聖壽萬年益廣時雍之化本支百世永歌天保
之詩臣〇〇無任感戴
天恩之至謹奉
表稱
謝以
聞

九廟功成慶賀表

伏以惟
皇作極溥海皆春推尊

祖敬宗之心而禮文具舉廣敬
天勤民之意而制度更新恭惟
皇帝陛下
聰明天賦
聖學日新
仁孝通於神明
誠敬格於上下是以光前啓後
九廟慶成酌古準今萬代瞻仰
綸音布於中外而喜溢臣工

美範垂於無窮而懽騰海宇臣〇〇屬籍親藩
躬逢
盛事遥瞻
北闕莫罄涓埃伏願
神人胥慶車同軌而書同文
福壽駢臻
天與長而地與久臣無任瞻
天仰
聖激切屏營之至謹奏

表稱
賀以
聞
文類
祈
皇嗣致禱社稷文
曰仰惟
濬哲發祥
帝統需神器之主本根盛大支庶奠磐石之宗

蜀自肇封得與
神祀皆頼
朝廷錫茲祉福以迄于今
天既篤生我
皇上入繼大統 中命
聖嗣以紹厥宗夫何臨御以來
皇儲未建惟天眷德從古可徵矧我
皇上仁孝感通禮樂明備萬姓媢茲百神効職
適著深自抑畏既禋祀乎

郊禖又遣祀乎
嶽瀆○○恭居宗室情切丹衷爵之所以有
土神之所以有祀皆不可以不知所自也
爰卜良辰敬伸祈
告惟
神鑒昭轉聞
上帝保茲
天子篤生元良以為
宗廟社稷之主則爵之守土也得以藉安而神

之享祀也亦爲不忒矣○○下情無任激
切懇禱之至伏惟
照鑒尚
饗

青羊萬壽宮告文

曰茲者恭遇
朝廷遣官徧祀天下嶽鎮海瀆之神祈求
聖嗣○○忝居親藩深切本宗之念亦既禱于
社稷矣又思境内靈跡莫有大於

青羊萬壽宮者惟
神上德無為妙應分身之化混元一氣黙司御
世之權有感必通無求不得用是蠲吉謹
以香燭旛供之儀遣官虔告伏願
鑒茲誠悃用赫厥靈爰命真人聿充
儲位以為天地神人之主下情不勝激切懇
禱之至尚
饗

文昌宮告文

曰茲者恭遇
朝廷遣官徧祀天下
嶽鎮海瀆之神祈求
聖嗣○○忝居親藩深切本宗之念亦既禱于
社稷矣又思境内靈跡莫有著于
七曲山者惟
神孝友忠貞振儒風于累世仁慈沖素契道妙
于玄元綱維桂祿之權掌握繼嗣之籍用
是遣官特申祈告伏願眷我

皇德請命
帝廷早降真人聿充
儲位以為天地神人之主○○下情不勝激
切懇禱之至尚
饗
嘉靖丙午仲秋鶴鳴山祝延
聖壽文
恭遇
皇上命官齎捧香帛敬詣

鶴鳴山仙跡壇所修建
玄功臣欣逢
盛事正當鞠恭秉虔少效駿奔之役緣謹封
國規嚴莫展心祝之願為此專遣承奉副
周仁代祐三藝之爐熏遙伸一念之精赤
伏願
聖躬冲粹恭真常湛寂之秘
昊天眷護妙飛神御炁之機衍
聖壽於億萬斯年臣藩庇永有之麻鞏

皇圖於地久天長民物阜亨嘉之慶臣下情無
任懇禱之至稽首頓首謹言
賜承奉正江一清表忠勤碑文
忠勤碑者我 先王昭考悼承奉江一清仲膺
之沒而追表之也一清幼負奇質蚤歲入侍我
高祖和國歷 定懷二祖凡三世俱以好學博
古見親幸逮我 惠祖當國始與幾務功業懋
著迺以承奉秩 奏保擢居輔導自是啓沃居
多人以為得輔臣體我 昭考為世子一清甚

有阿保力及即位益見柄用未始言功有誓竭
心力死而後已之語迺其上續于朝遂荷
勑賜飛魚品服之寵正德丁卯偶以疾卒我
考哭之慟悼念不已一日謂輔臣曰一清歷侍
五世始終一節不少欺以懈可謂忠且勤矣因
手書忠勤二字旌之命勒之碑以垂永久嗚呼
一清何幸遇知　主耶余自纘服以來夙夜祗
懼每念　昭考罔極之恩莫報覲茲　睿翰寧
無悽愴之懷又念一清有茲功德于我國家不

可忘也因序其事而繫以詞詞曰於穆天道不
已其誠畀于臣子惟忠惟勤忠則不欺勤迺日
新語稱致命詩戒履冰於乎 昭考迺眷世臣
忠勤懋著曰惟一清丙吉阿保鄭衆廉餘爰錫
翰墨用勸貞珉以旌厥德以慰厥靈嗟予繼體
不敢康寧 睿謨孔昭臣烈載明起我遐思綴
以斯文對揚 王休激感後人

社稷壇祈雨文

曰春時東作雨澤失期中外皇皇渴仰天

時身心齋沐惟
神是祈冀雷轟而霆掣乎馳風馬之雲車沛然甘
雨四野淋漓田疇資其沃潤禾黍爲之離
離潛孚默契以慰憂思謹
告

銘類

琴銘

嶧桐材良古帝初揚五絃舜調指應宫商薰風
南至和音洋洋不出殿庭解愠四方

棋銘

兩陣對列拒敵難施勝敗有常興亡曷期剥啄聲中幽窗清暇惟爾舒懷消閑中夏

書銘

六經傳教先賢註語後世啓宗準繩規矩法則聖典昭然明垂千古崇尚其帝王師

畫銘

生綃輕素并剪新裁可附王維繪飾華材妙出良工何其美哉心師造化盤礴徘徊

頌類

白兎頌有引

當今乾治之化熙皡之春物阜民康法清國正君道之隆也且值雨暘時若禾黍茂豐六氣和平佳祥兆集臣道之盡也然以君正臣賢易曰自天必佑之矣茲值靈兎獻乎中庭矧皆君臣德化交感之至矣因勉強書以爲頌其頌曰

飡乎灝氣吸乎陰精守其靈液固其元真百煉

玄霜久養素形柔毫且潤光質且瑩廣寒清侶
月殿旁星載趯載躍如懼如忻德應招祥祥應
福隆皇風清穆海宇咸寧德化溥施仁威相仍
遠邇親正明良自與賛襄治理永樂昇平

出谷遷喬頌有引

予觀出谷遷喬之詩有以見乎相應和
鳴之情矣感而為頌頌曰

陟彼巖巒喬木森森碧葉垂陰宿露初晞有鳥
雙飛停翰所依相近相怡並萬年枝徘徊參差

煦日蒼涼草木生光佳景非常窅窅青山野色斕斑一帶晴顏時值陽春萬物維新熙皡農辰四海無虞治化洪敷兆及堪輿習習和風藹藹沖融人事溶溶聽語如歌音律諧和適意偏多天朗肅清太化流行物象崢嶸蠢動咸知游泳於茲樂稱明時妙手偉人心上經綸筆奪其真有客持將屬我揄揚大恐倉皇一覺斯圖使目驚殊文紀須臾歷向瑤編日月悠然不朽長年

辯類

大道辯

世有以混沌初分三才肇立兩儀各判清濁之形言為始也予竊謂未為盡然且夫混沌者未必鴻濛之始也疊疊在先何有窮極莊周云有始也者有未始也者有未始夫未始也者其說是已原夫天地既判陰陽定位四時之分布八節之循環其幾孰使之然哉蓋一元之氣終而復始正猶鋪牌出隊色盡則洗也混沌之象殆若此矣至如天外之天八紘是已八紘之外是

曰八綖八綖之中神其安矣譬猶重牆之境也既判已清神復歸焉世俗說者遽難省悟予幼志學道乃得其傳故書數語以為辯

讀書辯

孔門闡聖學以傳天下後世寔昭萬代帝王之法矣後世之學紛然相繼者豈能盡備一言字昔孔子問禮於老聃訪樂於萇弘歷郊社考明堂之則審廟朝之儀實得周公聖王之學也歟然於老聃則有猶龍之嘆而聃送之則曰聰明

深察而反近於死者好譏議人也博辯閎遠而危身者發揚人之惡也孔子敬奉教於是自周反魯而道彌尊弟子不遠千里而從之者三千人焉今其道具在六經不過曰中而已仁而已固非若後世記誦辭章之習也宋儒邵子曰天下讀書不少能讀書者少讀書之至則循理而樂不循理為不樂予懼夫後之學者徒得聖人之言而不得其所以言也乃作讀書辯

記類

長春苑記

形勝佳麗内苑之地也其東隅倚南青森碧茂望之欝欝葱葱氣槩非可紀其一也徐行逶邐路入幽僻竹徑紆廻綿延不絶亭樓屹屹臺榭沈沈列奇玩之異器張奇品之名圖主入樂在其中則無纖毫混溷之染而往来多慷慨與懐若夫朝暾初上宿露漸分佳木環翠山壑氤氲此乃朝景也又若落霞絢錦衆鳥歸林新月朦朧萬籟俱寂此乃暮景也彷彿之間然以春繼

夏以秋繼冬四時之氣物色自不同也請試言
之予曰太昊執規木德維新青陽開動萬象融
熙花鳥喧欣人情快樂吟詠逸志實為春景也
炎帝司衡朱明注氣徵風長養赫日流光居止
凉亭芰荷芬馥爽襟舒懷實為夏景也少皞尊
矩清商令時陽行西陸玉露零凜菊色爭妍秉
籬作賦援集嘉賓實為秋景也顓頊權冬水德
應律閉藏斂氣衆芳摧折梅雪競光小閣圍爐
順時避畏實為冬之景也以四時之政令各得其

恃之靜樂也然或燕休之外盛蔬食香醪之具設文房淨几之珍款酌題句於此間雖無歌管之音騷客之會别有其樂也且如憑高縱目臨水觀魚逍遥徜徉隨意所適明月清風足爲伴侶之樂也已而天外夕陽翳雲布暝旋身踽踽咸以樂盡興闌殊又不知已之樂意騰有於無窮也衆皆曰善記之

賦類

海潮圖賦 有引

潮者蓋地之脉積陰之水滔湧而爲潮
然觀朝夕往来進退消長四維八極各
隨其理十二辰刻日月緩速周旋升降
以運乎氣則互有交變盛衰之至可見
矣予才疎淺故勉作賦以紀之其賦曰
予觀潮之勢濟派舂撞兮朝與夕浸逐月虧盈
兮浩浩東海莫知窮兮暴怒驚濤聲喧撼兮吼
地而来萬丈高兮彌漫四野何其畏兮倒懸弗
息揚沙烈兮海門噴雪其色銀兮雷霆震江夜

濤沸兮大鯤飜濵激天池兮六鰲駕浪覆側驅兮蛟虬踊鬭拍天齊兮黿鼉張顧吹疊風兮魚龍吐腥濺珠沫兮走石摧山迫急甚兮鐵錚澎湃其鳴疾兮入夜朔後迺其迭兮曉日騰高而復揚兮陰陽交泰爰止定兮江心千疊橫瀑布兮萬馬突圍天鼓碎兮三分水經二斗合兮伍員誓憤斂其濤兮錢鏐強弩勇其射兮大抵乾坤各分異兮天地氣變今古常兮

長春賦

昔有長髯長者贈予春爲長春翁壽然其義理
高明言詞雄健大觀斯文誠無瑕之寶也或有
請於予前曰長春之勝已乎予曰未也長春之
景今斯創矣客再拜曰伊始何地續武何人何
臺何沼何亭何榭何車何服何琴何書何孳何
植何取何適天機靈籟願樂聞之予乃喟然曰
長春之勝予不假言史畧備矣盖自蠶叢魚鳧
上古寥廓開闢成都天府之國人物俊彥含英
產傑誰居其中守成是業九重於內五世之宗

閒敢或易分建藩封君正臣賢雍雍穆穆出警入蹕尊崇擁護百備珍肴以食以酒飽德既醉罔言其有華飾之服繪載於經袞冕以九準準繩繩臣工濟濟士庶繩繩然則王者端拱無為實乃蜀都之形壯也若以長春言之然四時無更春榮夏長秋茂冬豐寒來暑往維南則有崇坊巨扁巍巍岌岌葦竹週遭吳柑宣栗文杏綺梅巴發楊橘金釵景天靈源甘液其中則有石池假山峯巒突兀鹿葱素馨延蔓幽谷金盞緋

桃剪羅罌粟羅列乎臺左右相依內植何物花王爲魁臺側盆分芍藥紫輝倚北危樓覽勝爲名踈簾虛牖拂檻風生綺蘭芬馥叢蕙幽清隊栢森森高門企止月竹黃楊圓缸山峙寶為翠一勝槩也入門逶迤仰見高軒華屋迴廊步檐縈紆相接乎以續饌廚明明烹飪嘉品茶宴堂堂傾瀉芳茗既廣形揮之麗儀衛觀其嚴整甚美乎徬轉咫尺則直步於中堂少憩徘徊靜聽其玉鈴風擊壯向尊顏玄天崇祀明炬燭以光

明散祥煙而拱衛金玉鏗鏘肅氛邪穢左供帝
君神霄傳敎誠謁淸隱之堂得證高眞之道右
啓書屋逸輿徜徉觀孔孟之賢語講堯舜之遺
章東西庫舍則有珍藏雖無珠玉翡翠而其宏
闊亦張石門閭閻數仞衛牆其外則有古檜森
天數槐蔭綠中結茆亭以暢情面對東隅而送
目樓桑佳茂掩映冬青荼蘼若錦盤鬱紅爛高
枝薝蔔如雲的皪白瑩豐樹小亭容膝取象布
春覽乾坤之造化括天地之機衡丹桂聯芳廣

寒清氛月映婆娑風飄香至荻蘆隱隱掩映山
茶鳳仙簇簇紅白交加芭蕉分綠色浸幽窗羅
浮仙釀醉卧石缸鳳梧依麓鶯荊侵江相連此
君節探芾羣栢架盧橘石筍雲根佳竹斑斑湘
妃淚瀛稽古考文蒼梧事跡倚門紫梨載花載
實一食其甘大谷遺植掖扇西行宛入雲城洞
天仙境縹緲霞輕蓮池高履清風池下菡萏舒
芳香生精含晴柳雨櫻高映陶菴翠羽雙雙時
來恃集燕雀交飛穿簾意急南向再行則有峻

嶺崇山羊腸石磴松栢相匝而常青柟篁交錯而無並山前一亭扁以翠微承朝陽之秉曜迎夜月之流暉玄鶴蹁躚清唳玄境麋鹿閒遊食其華荇又以一亭名曰涵虚浮中流而蕩漾沉星斗之霏微四列石橋東西南北慎無寶馬王孫之遊少有騷人歌詠之客橋下則有大池淵淵浩浩漫漫漪漪池中赤鯉練鯽梭飛無李白之騎去有姜牙之空歸文鴛錦鴻花鴨白鷴右軍書而籠易子美對而吟哦栽林之内珍禽孔

多宛轉間關盈山牣阿依橋中道開闢朱門傍觀佳景雯集雲屯林木翳然濛濮間想清風時至羲皇上人主人樂在真中又何滯焉客適吟然醒徜然悅自不知其身遊於華胥氏之國長髯者臨海大參趙君淵弘道也

引類

芸室引

居靜室則怡其情撫芸窻則逸其性情性之樂道外無別矣予清適之暇偶侍

中秦子俊者持予昔錫之卷首題曰芸室懇款予前丙申以序予曰題義已備何更序為固却弗許子俊者眷戀無歸情益迫切乃為惻然因演其義而次序如左

夫芸以辟蠹而香室以藏書而富牙籤萬軸而薰以瑞草則蠹去牖虛誠為芸室之兩潔矣讀書之樂其有涯乎是知靖節之北窓袁安之閉戶皆古曠達士也予衷有懷焉用書以為勖

序類

詩韻註䟽序

余以藩政之暇每遊意於詩嘗欲致審夫聲律之間而未得也間以字意卒難考索廼命經幃請官旁求古訓為之解詁題曰詩韻註䟽便考閱也編成來進平仄韻凡四聲次比其類字釋其義一展卷間不待徧索群書而其義昭晰其為聲律助多矣於戲詩之有聲盖自黃鐘之宮發而天地自然之音以著古詩三百篇皆可歌

可咏用之閨門鄉黨邦國而化天下義豈止拘拘於音韻之間哉然所以理神人和上下者必協之聲未有不得於音律而能盡感格之道者也抑必有其本焉蓋情動乎中發而為聲而邪正善惡各以類應故曰詩者心之聲也苟無其本而徒區區剿切乎音韻之間是則俳優之文而已豈古人聲律之詩之義耶故曰無本不立無文不行余夙有志於二南以求所以脩身正家之道將必有賴於斯文遂命梓之因論詩之

道弁諸首以告夫詩之為聲律者

一元具集序

天以陰陽五行化生萬物而統於一元即乾元資始體仁善長之謂也故凡山川人物飛潛動植肖形亭毒者雖各不同而皆囿於一元之中變渾然之體為燦然之用是已吾藩承奉周檜峰歷事累葉清韻超卓嗜學好古於經幃承事之暇乃採古今奇畫裒集成冊丐名於予乃名之曰一元具集或有詰於予者曰一元之義大

矣以是命名無乃過歟予曰不然天之與人勢異理同天以一元而統造化之屬人以一心而括今古之事即萬物本乎太極而衆理具於人身者也夫何過况所集之中昆蟲草木山川林麓漁樵隱逸皆天地所生之物而人得以自適者一展玩間便覺此心空洞萬象森列會衆理於一心收奇工於一貫較之品彙昭晰萬殊一本天人雖或不同而理一分殊之妙不甚相遠命名之意其在斯乎雖然是集不但誇多鬬靡

為展玩之美而已也觀昆蟲草木足以識陰陽化育之理見山川林麓足以廣知仁動靜之機觀漁樵隱逸足以起高標出塵之想特衆美以養其心推是心以施於事忠君愛民親賢取友皆由此推廣之耳豈但具集而已哉或者聞此唯而退予爲書之檜峰名宣文化其字云

賜承奉正周宣忠謹序

余嗣藩服越二十有三載于茲矣惟承繼之重罔敢康亦惟先王之臣克左右以勿忘於祖訓

則罔所愆承奉周宣蚤以慧質備近侍顧不以
光寵自滿篤志好古殫厥心以服爾勞嗜書史
喜作解繕草書人競傳其墨妙律已甚嚴而歛
人以和安詳閑泰鮮有厲容迨我昭考蓋荷知
遇歷試厥有成績迺聞于
朝擢副承奉比于余遂表遷今秩拜
敕賜飛魚品服之寵曩余為世子昭考妣厥鍾
愛至教養蒙正必嚴選宮僚不少假借以宣端
亮特簡畀焉逮膺顧命曰咨若宣命作爾翼其

勿怨余泣拜曰敢不祗厥訓宣亦頓首泣曰敢
不罄狗馬心嗚呼孟莊子不改父之臣與政孔
子稱其孝矣宣又顧命之臣耶故余自備位以
來於凡宣所建白未嘗不虛己以聽宣盖展盡
底蘊亦罔不協余衷往者衆壽山之役
朝命遣司空郎相厥工動衆數千計令往董之
以便宜行召募法民不告勞財不知費不日而
事集所至惠政類如此有獻土地者乃請曰國
有常賦節儉自足用安事此爲苛議欲加賦者

乃駭曰國之富藏於民也他如停不急之營建
罷先期之催科剔侵蠹之稅課善政亹亹不絕
且過輒歸己不自矜伐語曰臣事君以忠書曰
克謹天戒迹其行與事不亦忠且謹哉余故撮
其槩因嘉之曰忠謹自爲之序以識不忘俾有
其志者亦咸知所取法矣夫忠而不謹其辟也
狂謹而非忠其辟也狷狂與狷君子不由也惟
慎終如始則善矣詩曰在彼無惡在此無射庶
幾夙夜以永終譽

古今宮詞彙集序

余纘承
宗藩二十有餘年仰維
聖天子流光貽慶世際　中興日多休暇經幃
時敏之功猶得寄興古今詩章間嘗采宮詞而
誦之自唐宋遼今無慮數家有五言七言有古
體近體有集古體第慨舊本散逸亦頗訛誤爰
加是正類次成帙題曰古今宮詞彙集俾刻之
且將傳焉嗟乎古詩三百風化攸關家傳人誦

不可尚已孔子刪後豈真無詩蓋自六義三變洎唐而宋或工詞或譚理至我

國朝漸及盛焉上下數百作者猶未盡合於古羽翼天常以闡風化率有可稱久矣哉臣道不可不講也顧茲宮詞人物聲文罔能齊一大要模寫宮闈寓言臣不忌君之念惟其意不於其言惟其言不於其人廸忠誨良有足藉者可槩以香奩哉集而刻之寔昭臣道譬之黃鍾未作姑懸權度於閫闈之中尺寸毫釐且將不爽矣

噫出師有表讀者泝涕忠愛之感何啻於斯一命以上猶之臣焉得是集而讀之因辭以考意掩卷之餘有不惕然於懷者乎茲可傳也因刻之之意也

大川對類序

惟夫天地人之三籟各有聲聲有自然之節則爲律爲呂律呂之音實本諸黃鍾之宮而萬變出焉蓋凡分總類例冗而繁沓悉難條取姑以對義言之平仄互立幻韻兼仍而字之虛實死

活聲之清濁輕重往返出入弗克定美若廣言之逕逕無盡哉矧惟先賢之教引童發蒙莫此爲最予欲開啓後人遂採而輯之以作便覽名口大川對類蓋取浩廣無涯之義云爾是爲序

德陽王來鶴樓序

嘉靖甲申春三月德陽王訥齋作樓于府第之隙以爲靜脩游息之所樓將成偶有鶴自南而來儀於其閣俛而嘹唳而步久而馴擾旬適不去乃人作[illegible]讀而[illegible]之[illegible]以來鶴名樓亦云八

[illegible]

作亭喜雨之意也已而謫齋具冊丐予文以紀其事予聞鶴之為禽鳴則聲聞于天飛則一舉千里物之壽而靈者也載于易咏于詩雜出于吟人墨客之手昔人常取象于此以蓄其德非凡禽可擬也況脱俗胎仙匪可力致者一旦遠九皋辭蓬島回翔下視得所止而止之必其人之傑與其地之靈足以承之而後止之者也謫齋曰鶴之來信適然矣若謂人之傑則吾豈敢予曰不然天將成就于人其然必有所以然者於

今鶴以人而來樓以鶴而名固君子感發興起進德脩業之一助也若能秉此取鶴之潔以養吾心之清因鶴之介以育吾心之廉踈而淪之澡而雪之常操此念于縞衣玄裳之境則天機躍如理還欲盡鶴之為助多矣雖以傑自居不嫌也然或以鶴為耽翫之具視樓為觀視之美狥名而忘實則衛國之軒華亭之唳祇增感慨耳鶴之来也何益訥齋曰唯遂命書之

讚類

呂純陽

邯鄲警悟夢覺黃粱虛心曠達月應純陽黃鶴
謾延揄揚錢遂欽仰神霄流芳道德

王重陽

飄飄僊逸朗朗神精陰陽合德天地同形无精
氣存存神守氣證道功成高名垂世

尚書甘爲霖像

几山嶽立淵氣攸鍾卓犖名世會際雲龍謨明
弼諧宅揆代工德懋功懋賢哉司空

說類

忠孝說

客有問於予前忠孝二者厥義何居予曰大矣夫忠孝實乃天地之至一綱常之不貳也請試言之其皇墳帝典而莫大乎忠地義天經而莫大乎孝而忠君之本孝親之源為敬為勤可慤存於宇宙之間矣客曰請細論之予曰忠孝之道無窮君親之恩罔極豈言語可得而盡乎大觀食君祿衣君帛立君第一念不欺死生不替

忠也愛親思感親親愛得親訓以成一念無違始終不悖孝也忠孝之誼或庶幾乎此矣故忠若姬旦孝若曾參皆臣子之分所當爲豈能加毫末於是哉客唯唯而退予遂不棄敢爲是書以佑啓後人識一勸

愛蘭說

楚晚植物之美者甚茂矣然陶潛愛菊茂叔愛蓮王猷愛竹之三者所愛一也惟前賢幽懷雅志各有所寄耳予獨愛夫蘭之質爲孔子猗蘭

操之所云是已夫蘭當爲王者香香天香也昔伍衆草而令逈出瑶砌誠君子陽德之亨也芬馥微微無熏無濁高風氣味有足珍者乎是作

愛蘭說

箴類

警戒箴

予忝藩服恪遵
廷憲亦常飭躬勵行以率爾臣工矣其老成忠厚體國經務者予固簡在所不必言間亦有悖

肆縱傲困循玩愒者罔協于衷乎其傷之夫上
無道揆則下無法守今將脩己治人居官守法
之要例爲戒箴警諭内外咸能體而行之庶免
禍讁受福且吉凡我臣屬敬聽勿忽

處心正直　無黨無偏　奉公守法
隨分自然　居官以廉　行儉以節
勿剪於民
皇天昭監

長春競辰藁卷之一

長春競辰稾卷之二

四言詩類

鞠華

鞠華菁菁，其色維黄。東籬日爍，正應中央。龍山景象，落帽風光。載忻載樂，宜壺宜觴。

鞠華其厚，甘泉瑩秀。潔兮飲兮，黄耇之壽。瀼瀼露零，冷冷泉溜。百億無涯，身同霜袠。

鞠華之質，金風瑟瑟。九十秋容，安然自佚。晚節寒枝，茂豐如一。圖向生綃，彤宮永吉。

鞠華三章章八句

對溪

溪者水注之川佳山相向環遶瑩潔故
曰對溪清流激湍可見其瀟矣渠寓焉
别號予詩以美之

維溪潭潭源北而南無坎之險鮮井之鄰彼其
之子樂意且耽

維溪澄澄一水之清日月浮光徘徊盈盈彼其
之子果行相似

維溪漾漾瀲霧飲虹靈泓消澈俯視汪洋彼其之子福履且慶

維溪粼粼于瀆于濆影可沉璧流可濯纓彼其之子澤被孔殷

對溪四章章六句

東溪

夫東溪者春陽之隅瀦水之澤有物生澄潔之意因取爲别號余遂紀以詩焉

東溪之水其滴盈盈日升月没在夕在晨

東溪之水其石粼粼以舟以楫曷止其瀨
東溪之水其波不興如莎之碧如練之瑩

東溪水三章章四句

龍淵

夫龍淵者昔之遺跡今人藉以為別號殆隱靈澄潔之謂也予紀斯意遂表詩而美焉

維龍有靈或潛在淵守道云樂不易其堅大人之事君子乾乾

維龍有靈涴涎淵潔養脩真性勿違卦節君子之道未可行迭

維龍有靈出淵而躍君子進脩時然其樂

維龍有靈飛騰在空雲從雨施四野沛豐

維龍有靈見田時舍天下文明咸被其化

龍淵五章二章章六句三章章四句

儼茗清泉

儼茗清泉在府第南向崇屋數間內貯茗茗亦名儼茗其中則有甃石圓井寒

泉湛碧故以相聯為扁云
儼若脩兮清泉湛兮以瀹以烹供清燕兮
儼若主兮清泉輔兮以蒸以嘗受天祜兮
儼若芬兮清泉氳兮以酌以斟滌煩襟兮
儼若苾兮清泉橘兮以飲以漱清風腋兮
儼若清泉四章章四句

白石

夫白石者河流縈帶中有白石存焉因
爲別號予紀而書之

白石巉巉在流之湍以歲以時春秋常顏碩人懷心如石之堅

白石粼粼在流之濱日居月諸今古長春碩人懷德永矣無更

白石落落在流之中風雨不觸霜霧不蒙碩人行儉以節以終

白石三章章六句

東谷

夫東谷者日旦則出東方即所謂暘谷

也因以為別號予表以詩用勖德焉

東谷暾暾日之未升騰光暘谷旭彼熹明

東谷既白藹境咸色啓映東窻君子懷德

東谷遐荒灝景蒼凉融和熙戶樂只徜徉

東谷高明雲漢遠盈仰瞻寥廓氣正神清

東谷維日八表同一以書以言壽康永吉

東谷五章章四句

野梅

野梅者蓋言梅生嶺野初發南枝故得

中和之氣然以其名遂為別號予特書以詩而美焉

野有梅其華茂兮之子唫懷冒寒遺兮
野有梅其英落兮綠葉成陰實繁碩兮
野有梅取盈筐兮獻以彤庭鼎食常兮

野有梅三章章四句

清泉

夫清泉者蓋言澄潔悠然則無渣滓之謂因為別號予書數言以表焉

清泉之水飛流幽澗落入平池滔滔滇溺清泉

涼瀑布涼

清泉之水浩浩無垠入冬不竭入夏不盈清泉

涼碧波涼

清泉之水汪汪澄潔一掬而飲濺齒寒徹清泉

涼靈源涼

清泉之水蕩漾天光日月浮影波蘸茫茫清泉

涼地脉涼

清泉四章章六句

長春競辰稿卷之二

長春競辰藁卷之三

五言詩類

別少司空李心齋有引

都憲心齋以宿望來撫蜀貞憲度飭邊防

中外用靖茲晉擢少司空詩以為別

君來亦何暮雪山凌碧霄君去復何速北斗轉

星杓燕塞迴鑾蹕秦關寔膂謠麒麟擬圖績端

拜

聖明朝

山水圖

青山一帶長疊疊見晴光露浥幽蹊潤風來小徑涼紅塵應脫落白日自徜徉策杖橋西去浮名未足韁

題扇

獨坐南山下寂無車馬聲襟懷淵水靜身世野雲輕盡是雲林氣真忘蝸角名清風出千古此性本生成

新春

野塘氷已泮柳眼出莓苔遠岫嵐光薄平林靄
影開漁舟遲日暮牧笛晚風回逸興忘機久前
溪月上來

嘉靖乙未春世子初度有作

旭日上東樓長庚尚未收晨光騰碧落佳氣靄
瀛洲桃實期千歲蘭芟見百周靈波看海屋今
喜又添籌

菊

綠葉凌霜淨黃花浥露香蝶蜂飛不到緇龍自

芬芳甘谷潺湲細崇巖叢岌長靈泉頻滴邐一
飲壽彌康

題扇

南嶺千竿秀煙堤一徑清虛心絕塵想勁節抱
高名渭水如林落湘江繞石坪殘春苞夏韡龍
子見生成

素扇

玉斧修新月嫦娥下帝鄉氣含巫峽水光隱洞
庭霜潺暑消飛閣清涼動簾廊夜闌星斗近素

影燭銀塘

擬白玉蟾溪鶴亭韻

雲心無久住時去亦旋歸古澗松枝老空山榭葉稀夜闌星半轉月朗露輕飛嘯振魚筒去飄然謁太微

南棠別號

好雨滋雲野春曦靄蘚枝周家南國化蜀土北風詩勿翦留餘蔭深培啟後知美懷應可愛幾度繫幽思

仲春曉眺克慎軒前樹搆鸛巢偶作

曉景翕朱扇南窗面落暉鸛巢高樹遠人語曲堦稀淑氣臨蹊徑條風到薄衣漸看將暝色數點宿鴉歸

秋夜聞雨

飋譙初轉漏人寢已無寐黃葉兼零砌青燈被掩缸鳴堦多滴滴添潤亦淙淙夢覺添愁思呼童莫啓窗

水仙花

仙子下瑶京淩波玉步輕薄霜侵縞服微吹動
蟠纓素色陵瑶砌幽香襲繡楹月明庭院靜分
得兩般清

井

疎鑿閒宮井寒泉注一泓靈源来太液仙脉出
蓬瀛月到氣埃絶寒分沆瀣清城鴉聘睍集時
聽轆轤聲

蘭兄蕙弟圖

深谷藏幽質清風遞遠香晶晶含宿露郁郁向

朝陽倚石青花秀臨泉綠葉長百年同氣味相
與共芬芳

冬夜

寒夜幽齋寂臨書興未窮漸明天闕宿初起麗
譙鐘熘吐高檠燭聲掀廣幙風横窗梅影淡應
是月朦朧

舟中

遠樹歸鴉集維舟近晚凉廻峰沉日影巨浸湛
天光百里喧笳鼓三軍振戚揚高懷欲歸去棄

月聽鳴榔

螢

微微腐草質點點出金天雨濕難生焰風清不起煙亂蕪荒砌裏細竹小池邊有力供貧士茅檐照簡編

山水圖

天際千峰晚楓林野色紅遠波歸短棹落景送孤鴻好興留詩砌狂歌入酒籠蒼茫望不極隱隱坐漁翁

送侍御謝indent猶齋巡蜀回京

憲節明西徼孤忠動上京風霜凌諫䟽山斗重文明劍閣層空峻岷江一鏡清又看驄繡去餘政在蒼生

夏日

畏日長宮院薰風入戶扃池光迷屬玉草色醉蜻蜓爽味供戎李清甘憶楚萍未須河朔飲幽思藻芹亭

泛舟

一鑑平湖靜消遊日半暉漾波萍葉小被岍蓼花稀薄務籠麾帳斜風吹鶴衣短蓬仍小酌月上亦忘歸

昆蟲

大火流西候涼宵露氣清微吟來來巷淒切近莎城故促孤窗織還添遠戍情誰云金屋裡爲爾亦愁生

秋齋卧對雲窗

風清人似玉高卧對雲牕霞落檐天淨鵲歸庭

樹雙笛聲生遠閣新月下長江更有尋書起呼

童明夜舡

長春競辰藁卷之三

長春競辰藁卷之四

五言排律類

皇圖鞏固帝道遐昌

泰宇清寧化時和物阜滋歸來咸率土德化溥華夷景運雍熙世天開日月曦陽春仁澤滿帶礪萬年知君正邦畿固臣良社稷持金甌永無缺脩職仰皇基

和舉人趙鶴進登城韻

春融淑氣生暖溢歸藩省城接岷峨山池通太

液井時熙海宇豐歲皡邊陲靜黃鳥喚回春紫
燕驅殘冷多方黎庶興一統華夷整皇澤自無
涯大明天地境

世子府落成有作

聖治朝清化坤夷世濟昌無為崇帝主有道羨
虞唐德溥傳三極恩敷及八荒川源歸大海島
嶼遠東洋試聽康衢語頻歌款乃腔化行宣禮
樂道著載文章正主龍蟠地中興虎踞鄉一人
欽社稷九禮襲珪璋建國崇先世登城望大方

奠邦西國土藩屛蜀封疆架木令巢鵲閒岐古
宿凰耀輝霞殿閣精彩旭扶桑屹表華宮柱奇
横傑棟梁簾櫳珠錯落几案策芬芳宴賞璚臺
上謳歌綺席傍廟堂承主器宗社得賢匡爕溢
杯鸚鵡寒隆衣鷫鸘謾觀清境界還憶好時光
甚美心無碍娱我興未央悦容形盡盡行色動
蒼蒼拂戶仁風遍廻廊淑氣彰洪鈞旋運泰豐
歲樂年康萬物臨春始羣芳近臘歲股肱眞宰
輔元首正吾皇珠履金章綬璐簪玉珮鏘輕車

常宛轉高樹慢徜徉圖值天葩艷堦陳露幹行
揉芝穿古徑斷竹出幽房酒助酡顏溢吟添逸
興長日暄蝴蝶戲煙煖鷓鴣颺社鼓催南早村
犂趂季忙魚肥來漢浦鴨喜澳岷江嫩綠舒蓂
萊新紅綻海棠開鶯簧囀嚦望樹杪蒼茫靜宇
驅煩暑虛堂納淨涼景雲呈彩象膏露降飴糖
閒塞休烽候邊陲謐戰場詞書醒思倦琴瑟暢
神揚綉蓋重敷展華簷疊翠張治功稱禹鯀祝
網頌成湯漢武隨烏鳥周宣得白狼昔由稱補

家令且見明良手執羽紋扇口含雞舌香洎隨
紅藥省花對紫薇郎鶄鶬摩暠漢鷗鳧泛淺塘
旆旗横獬豸閨閣柔鸑鷟斗室心存念方幃意
不忌銀河睥睨轉金井轆轤踉畫閣瞳應闔来
門卯盡閣美華巍莫及精製迴非常城角夜初
罷樓鐘曙已張鷄聲啼早月馬足踏晨霜暮卒
通標棧寒漁度石矼茅坪横網罯荻渚掛帆檣
載火螢煇繞廻翔鳥頡頏長空歸屬玉喬樹集
鶊鶬道侶玄衣闕雞入幘首昂倚樓鄰六合開

熽渺三湘夢虎全元變從龍信擬詳瑜瑤鏘内

寢寶翠洸分廂逸客調三疊仙妹奏八琅舞嫣

紅錦袖馳縱紫絲韁早薦羹頻獻時蒸稻早嘗

優游仍禮節矚達恐詩狂士峙因開壁河派可

治方綦翦爭勝局成旅議豐糧才子胄踈鬭將

軍氣慨慷紅鸞昭瑞應黃道兆禎祥玉檻青駿

五形塤彩翼雙瞳矓鳴鸑鷟沛澤鼓鶺鴒豔[illegible]

方堪摘羔羊且謾鬺王孫垂寶帳侍女啓銀釭

賸積洪囷含陳紅富太倉仙都宸偉麗御澗水

泠泱詠句臨梅屋披言倚竹床吹笙延客几擎
鼓每于堂鳳吹升緱嶺鸞篪響禁牆草生崖巘
綠藥剖石中黃鶴唳聞瓊島鸞翮赴碧君翔昆蟲
咸起蟄蛟驤悉超騷瀲灩波侵棹空濛霧靄豪
淒風驚鸛雀宿露響蛩螿六律排音呂雙宮按
徵商管簫音瀏亮鐘磬韻微茫敔捧傳靈液端
盛置醞漿太平真寶曆佳氣鬱相當鏡閃烏鬟
髻臺呈紅豔粧閑歡炊玉粒夢覺熟黃粱廣設
帡幪幅扆停鑿肅紺雲腴温肺腑露白潤肝腸

倡和輸騷伯謳譁動淑嬙錦韉垂窈窕絳燭影
熒煌雅頌歌氷胥經承進壽觴輕颸晨鬟鬢流
灌夜零瀼草茂蟠蚖蜴阜肥隱蛣蟯同遊那復
厭獨樂足何傷色紺多分別顏纁兩映相輕敲
鏗峽鑿戛擊錯質籥伏虎須成寨巡魚必用枯
秋成當告鄰春播向祈禳尋賞花盈目歸来詩
滿箱詞源横磊落筆陣耀鋒鋩萬卷堆金屋千
詞聚壘莊南嵩巖岌岌壯渤浩汪汪模範因宏
巖規繩正曲幇湛淒汀露重轉午谷風揚蘖隸

持權任諶與竭贊襄嘉猷良以羨英譽莫能望
醉掃端平狄愁書錯弄慶綸音由庶政膽志自
難量寵錫分符券恩榮列扁坊天倫敷五典世
序定三綱向使乾坤運頻諱霹靂將百工咸暭
暭萬彙悉蹌蹌奸屈堦前厲忠貞殿內薑後天
培復顧中古類彷徨不老壽山嶽常春明月亢
惠施逮士庶溥賚伏戎羌福衍多番穰澤餘每
積慶皇基傳胤厚國祚永藩邦

寒窻漫興

寒力戰辣松巖霜隕殘葉幽室何所有瑤琴共書簏況值夜迢迢猶憎風獵獵收卷掩燈屏暗月遶城堞酒斟澆懷春忽上唫頰醉夢繞蓬瀛海山看萬疊

槐亭絶卓馬

地僻幽虛裡郊亭與更長屯陰蒙酷熱密影蔭清涼露濕荒堦草風侵茶鼎香新蟬藏葉底老鶴立松傍車馬渾無跡塵埃豈有妨看書娛晝日東白月升光

錦城落日斜
錦繡叢覓地青天蜀道臨遠瞻方半落極目已
深沉鴉陣歸林早螢聲倚砌喧蕭譙鼓韻蘭
若吼鯨音拂户清風談零揩湛露侵星明觀壯
斗凉月轉高釜
秋風拂面凉
遶岍琴花紅瀟灑動曉風新凉生户牖爽氣遥
蘆龔蟋蟀喧荒壁冥鴻呼遠空碧梧先自老綠
柳半殘窮暑退郊墟淨清陰几榻同相親燈火

近莫放讀書功

秋風捲敗荷

荷老秋江上金風時已過露欺新綠少霜壓敗黃多候鴈依平渚寒蛩宿淺莎白蘋鋪遠岸紅蓼映澄波處世無千載人生有幾何百杯消樂酒入面正春和

春潮帶雨

龍魚初躍後波浪帶春潮霧鎖橫江濶雲迷極岸遠氣腥飛晝雨暝色暗晨霄水激連旬響漁

停辛月橈燒林桃火噴拂地柳烟飄鑑湖老舟子且莫縱陶陶

夏浪滔天

入夏炎光熾雲峰共一天滔滔洪莫紀浩浩迥無延飛濺銀花湧聲奔霆勢懸浪頭千百里海角幾多川日月升沉裏星辰爍隱邊惟稽禹績治靜悉無愆

秋波漾月

秋宇淨纖塵影蘸碧波濤白白霜彌野亭亭月

一輪蒼茫瀰疊縐蕩漾遠紋粼粼參岈風聲薄蘋
洲夜氣新眠鷗如有意宿鴈若循馴知靜魚龍
息潛淵不振身

冬濤噴雪

憶昔錢鏐氏當頭射始回浙波纔已退何復又
潮來遠激三冬雪聲奔五月雷海門滕六遍江
面八姨催夾岸澎喧急沿湖洶湧壓古今詩酒
客談笑盡餘杯

山河壯帝居

宇宙開玉室山河壯帝居威威稱舜禹凜凜羨
唐虞禮樂三千字文章萬卷書祥烟籠鳳闕瑞
氣擁龍輿德澤汪汪遍光風冉冉徐九天明日
月皇極治華胥

水碧蜀山青

圖畫天開景分明對錦屏潾潾春水碧隱隱蜀
山青鳥道迎朝日魚溪浸夜星花迷杜甫宅柳
暗子雲亭鷺起依平渚鷗眠傍遠汀好將醽醁
飲終日莫教醒

秋雨細飛檐

黯黯濃雲遍霏霏秋雨霑霧輕偏拂檻風送細飛檐似縷多無減如絲更有添纖纖侵小徑柔密透疎簾露蚓何為響寒蛩復甚譫望空來一鴈邊信絕遺縑

白鶴歸遼海

昔伴西池父千令逐共羣獨飛千里外一唳九霄聞丹頂迎朝日霜翎映夕曛海邊隨飲啄沙際任紛紜華表留名後焦皆養性靈林逋今在

否客至尚欣欣

密霧隔朝陽

鴉亂東隅白霏微霧暫蒙遥漢何黯黯隔却太陽紅藨幕重重潤檐楹靄靄籠禽飛昏晴裡豹隱有無中行旅雖迷騎歸商亦望空恍疑分太極渾若在鴻濛

清曉霜華重

青女威行肅金官律令嚴寒深偏殺草曉近白疑檐凜凜鋊華重稜稜玉屑添半空驅雨兆一

派結泉湛遠塞雄鷹擊横雲逸鵰瞻弋人何是
苦涼薄少綿纏

萬國奉君心

帝澤乾坤大恢宏宇宙臨一人安社稷萬國奉
君心衷夏車書共山河帶礪深清明昭日月紫
極煢辰參佩綬趨金闕琳琅振玉音鴻基傳億
世大寶重嚴箴

霜珊瑚葉稀

封姨何勇力青女亦嚴威吹遂林枝折闌珊瑚

葉稀鉛華鋪兎白璚顆積堦皚凝凍銀床幹飛
寒玉閣扉淒其蛩韻短嘹唳鴈聲微竚立多吟
詠頻將彩筆揮

霧雨濕庭堦

輕斂陽光薄凝雲掃不開風烟橫棟宇霧雨濕
庭堦露靄迷天迥濛濛匝地來望中難展目瞑
處尚凝臺綠暗原頭草黃催隴首梅明朝好晴
景謾擬出蒼苔

桃花絢曉霞

春容深若海苑圃盡芳華柳葉含晨霧桃花絢
曉霞小車穿遠陌輕騎踏平沙遍覽無邊景停
身問酒賒文章裁錦繡詩句吐英葩藁積盈囊
備歸来日已斜

芭蕉風雨聲

葉展青羅扇虛窻恰二更星河沉暮景風雨散
秋聲思婦愁難釋羈人夢未成漏遲微隱隱禁
短薄熒熒蟋蟀吟荒徑賓鴻呌遠城內家渾不
寐欹枕待天明

沽酒趁梨花

野外春風好豐村抵萬家烹茶燒竹葉沽酒趁梨花驢跨樊川外揵驅溪水涯雪容連夜月霜色映晴霞布穀催春早鶬鶊呌景遐共邀三四友擠醉謾歸家

芍藥鬬春風

紅紫闌珊後芳菲到藥叢醲光明惠日柔艷擅春風柳外韶華別枝間蓓蕾同繁開三月裡獨占九旬中玉洞桃顏失金園杏欲空主人宜護

惜園向畫欄東

五星如連珠

太史占天夜星躔象緯殊三更當斗正五宿若連珠庚位婁之次金方奎戶樞銀河兼月皎玉露湛虛無光爍重霄境輝揚八表隅聖朝敷治化兆應慶貞符

空山濕翠衣

曙白看虛微空山濕翠衣早行霑宵露春步覲晨驛鷄噪仍停樹鵲鳴未啟扉逕林人寂寞辭

徑客依稀好景開圖畫風光別是非覽餘 回音處明月伴人歸

梧桐花半落

深院無人到重門鎖一家月明先到閣風響正穿紗芍藥方成顆梧桐半落花柳綿飛砌側竹影掛窗斜布穀驚心殘鷓鴣驚夢駼小齋殘覺後來曙漸騰霞

五言絕句類

山水類

樹色濃於幄茅亭凉自生孤舟坐幽客似聽讀書聲

舟鴈圖

天外歸鴻下波心一艇輕遥看松翠濕近愛葦風清

雙鳥圖

石畔秋水明溪邊露草榮雙鳥不飛去縱橫舒野情

郊原正早秋露浥蘆汀濕忽見一禽来只傍踈枝立

蘸冰梅

的的絶塵埃冰枝次第開寒波清淺處彷彿美人来

題扇

清吹撼踈松幽人性自慵静裏閒觀大朝陽出曉峰

枯荷白頭鳥

春暮辭佳社時清托卷荷秋聲巖樹杪露氣曉
空多

秋塘清興十絕

其一

秋水澄於鏡霜荷景半闌點空雙鷺玉不使暫
停翰

其二

葦岸淒風起西山柘景閑泛波雙水鳥翻濺淪
文翰

其三

曉岍梧桐老寒蟬韻巳闌饑烏下窺覓來往不停翰

其四

平渚烟痕薄秋光野色闌暮笳吹月塞寒鵰歛雲翰

其五

秋氣日憭慄酷暑時消闌卷書坐山下悵望寄飛翰

其六

風清松竹秀，霜壓荒蕭闊。心清如止水，身輕快若翰。

其七

翡翠鳴塘曲，横飛立井闌。遥看皂鵰起，天際展雲翰。

其八

月浸玻璃影，光涵夜色闌。竹間多宿鳥，不肯亂舒翰。

其九

久立烟波上吟懷尚未闌薛濤箋再展端石且濡翰

其十

紅蓼金風起千家砧韻闌暮鴉喧作陣錯落亂交翰

詠聲 擬韋應物

粤自心中發堂堂靜沈寥慨然隨物散無物意還銷

題扇

竹戶時時靜門松歲歲青犬眠無客至竟日不須扃

桃花

東風二月候榹桃花正開武陵春色好不許杜鵑來

漁

小艇且歸去微醺欲暮時未驚風浪闊不爲利名羈

樵

深谷橫嵐氣穿林不憚勞負薪歸路晚東嶺月輪高

耕

南畝占東作鳩鳴杏雨晴村村鳴社鼓相望祈西成

牧

綠楊堤野岸紅杏映荒村曉逐烏犍去歌歸日已昏

燕尾香
本質幽芳秀清香遍太虛自然君子志不共小人居
秋水芙蓉
淨艷清霜下晴波一鏡明東風舊桃李莫謾說枯榮
雜興二絶
亭午陽光熾當空火傘張水亭幽敞處心定自然涼

又

牆外顫秋聲芭蕉拂翠旌枝間無鳥語獨坐境偏清

雜興十首

其一

雲嶺萬株松上有仙翁立笑傲振魚筒驚飛清露滴

其二

石泉幽澗來兩兩鷗鳧立清風下卷荷瀉下明

珠滴

其三

槐亭覆午陰坐起徜徉立呼童爲煑茶笑取岩泉滴

其四

龍藏土窟蟠鳳出梧桐立鳳翥翔綠霞隨龍行甘雨滴

其五

落日亂鴉歸投林高下立清露滴幽枝忽下枝

頭滴

其六

曉看竹枝垂午看竹枝立籠日散餘金瑣碎如
瀝滴

其七

簷雀何處来馴向闌干立驚入簇篁中猶衝餘
露滴

其八

淨几絕纖塵金鑪螭獸立煙燼夜三更高城蛩

漏滴

其九

參峙動西風賓鴻依渚立明月照清宵秋光如

欲滴

其十

靜樂在幽軒謾俯童肩立夜深叢桂枝沆瀣時

沾滴

長春競辰藁卷之四

長春競辰藁卷之五

六言詩類

散花樓

天女散花之處隋時建樓吾鄉先賢李太白有詩

天女下臨塵界仙樓迥接霞霄捧峨眉明月朝擎玉壘晴雲

摩訶池

南朝蕭摩訶所濬宋賢陸放翁有詞

此水今涵
聖澤古池猶愛佳名坐挹方流圓折遥瞻太液
昆明

浣花佑聖夫人祠

夫人姓任氏唐節度使崔寧妻四月十
九日爲誕辰其靈跡甚多

萬里橋連濯錦九壁村通浣花八水潤從淨域
雙林泛出仙葩

張儀樓

秦時所建以正南北

城闕宵閑夜靜天宇月明星稀不聽北城擊柝

惟看東閣迎暉

桐花鳳扇

唐李德裕有賦蓋今川扇之始也

文繪九苞鳳羽仙英五色桐花頓覺蒲葵减價

仁風遠播天涯

長樂花

唐賢咏頗有賦即今月月紅也

南苑花名長樂北堂草對忘憂仙境稽之選才

四時長作春遊

文君井

在琴臺側今之金花寺也水味最嘉宋

陸放翁有詩

綠綺琴中雅調鳳笙聲裡仙家只道壚沽美酒

那知井汲鉛花

薛濤井

在青紙房水造箋紙尤佳

轆轤百丈鴛鴦漣漪十樣鸞牋夢草生花句好
冷金溫玉名傳
君平卜肆
在南門之内
自是公輕好爵誰言世棄君平肆閙清風萬古
天懸白日高名
對青竹
宗賢黄山谷有賦今名黄金嵌碧玉惟
吾蜀中特産

種出仙家紫臍移自詩人錦叢月來金影瑣碎
風回玉韻琤琮

長春競辰藁卷之五

長春競辰藁卷之六

七言絶句類

丹心傾日圖

平原疊石產幽芳風外花舒遠近香任爾繁荊

汚秀質丹心炳炳直傾陽

題扇

神逸飄然貯綠陰微風披拂透踈襟飛揚雲散

澄空淨咫尺天心在我心

又

聞說桃源尚有仙果然別是一壺天莫看殘局
重回首換却人間億萬年

山外紅霞圖

峯外明霞紅爍爍松邊活水碧粼粼心寬自取
閒中趣離却凡塵只一人

題扇

曉雨開晴夏晝長輕舟搖曳映天光逍遥慢樂
江洲景楊柳風清水氣凉

野豕

草際荒坡牧野猪西風吹灑亦無寒皇仁德溥
休畋獵飽食隨眠任自寬

七夕

鵲橋下漾碧波流今夕須當會女牛莫訝人間
惟一歲無窮千古事難休

題翁

山色分明水色清有人間適悅心情霜林老去
秋聲古只欠衡陽鴈一聲

其六二

叢岌名山一帶長蕭疎佳木自成行道人坐石
煙霞裏笑引清風拂面涼

其三

倚杖徐行過遠村空山幽僻少喧禽盤桓待月
高崗上坐對疎籬莫掩門

寫竹

不隨凡卉太塵生脫骨原來在玉京幸值月明
真境靜五雲清夢隱蓬瀛

漁舟圖

春水盈盈漲荻磯花時正喜鱖魚肥揚罾終日
清波裏衣紫何如遠是非

寫桃圖

仙根原自出天台細細瓊肌點絳腮移入人間
千載後須教不著俗塵埃

觀泉圖

髙槐夾徑綠陰多有客新從此地過激耳泉聲
空外見九天飇浪落銀河

茅亭野趣圖

茅亭孤隱碧林深常遂遊人賞翫心但得平生
朝暮樂少年何用贖黃金

漁圖

漁郎曉步向平灘無限山光注目看紅蓼白蘋
煙雨外一鈎香餌釣波寒

桃源圖

一澗泓澄春水生野花零落著衣輕桃源陌上
風光別二客登臨不計程

隱舟圖

幾年遊覽在江湖放意中流駕短艫好寄市廛
名利客我身榮辱更全無

扇

長天杳杳景淒然兀坐幽深石磴邊野笛江頭
吹月落一行沙鴈起平川

蓮塘白頭鳥

蓮塘自是鶺鴒立何獨于今別鳥游為惜花零
秋意老不教青羽換銀頭

紅蘭

幽香秀質本天工曄曄朝陽映彩紅晨夕澄河
多雨露終教不入棘荊叢

白頭翁

秋滿黃蘆葉正肥幽禽俯視立斜暉林塘春到
東風暖振羽還從上苑飛

葵

誰寫葵花淺淡粧一枝瀟洒冠羣芳東君莫厭
無顏色自有丹心向太陽

萱

誰植宜男向北堂金冠綠柄裊風長却将水墨
圖成質色相由来似九方

人物芭蕉

顧景徘徊坐嶺傍青山一帶現晴光湖邊雨過
秋初到添得芭蕉葉底凉

枯木寒鴉

疊石巉岩木亂橫蕭條清夜已三更旋空斂翼
高枝上一任霜前月下鳴

觀山圖

琴書樂寢向高閣坐裡頻觀景色長靜愛[illegible]
天氣好竹間添得曉風涼

停舟觀鴈圖

小舟停向綠陰傍水色山光景渺茫坐覩前途
斜照裏冥鴻影帶兩三行

蕉鹿夢

暮野遺薪樸樕傍行歌逢鹿思倉遑士師莫辨
人分鹿得失原來亦夢鄉

山水人物

僻徑陰森古木蒼幽人獨步慢徜徉飄然手執
蒲葵扇引得清風兩袖涼

賜承奉周宣扇

陽春淑氣錦官城城外風光柳色青踏遍沙堤
歸去遠馬蹄行處景分明

戲書扇

烟水茫茫一漫開野容蒼色空亭臺遥峰寂寂
無啼鳥只見漁人逸興迴

海棠島

海棠枝上净無塵烏語閑關報早春自是上苑
多雨露韶華逞艷奪天真

春日

虛窗修竹映新苔雨過新萌草色回楊柳風前
空悵望陽關曾有故人來

賜承奉陶宣别號菊潭

秋深林壑菊紛紛點入澄潭逐錦雲一滴靈源
通潤澤百齡應共偓佺羣

扇面

亂木叢叢宿霧蒙冥鴻點點逐天風漁人獨上
扁舟去萬頃烟波一釣中

水墨牡丹

冰肌自是無塵染素質還宜試曉粧憶昔沉香
亭北事輕霜清吹襲霓裳

秋晴

園林雨過曉天晴勁竹扶踈影自清碧落無雲
秋氣爽紛紛幽鳥亂飛鳴

立冬

園林黃落已秋殘慘慘嚴風釀早寒飛鴈忽心切
天外落頻來書閣倚闌看

梅花

冬至陽從九地來南枝初見發梅開暗香疎影
浮清馥灞上詩翁幾往回

鴈

萬里長空曉霧清翩翩征鴈度邊城翩翩影逐
東風急叫徹衡陽第一聲

霧

慘淡金天值暮秋迷茫曉霧罩瓊樓霏微不散沾濡遍疑是人間瑞氣浮

冬夜觀書

挑燈獨坐至更深玉軸牙籤細考尋萬籟無聲清夜永精華直見聖賢心

春晚偶成

踈簾颺颺晚風凉竹韻輕敲奏管簧閒步庭除無個事歸鴉影裏帶斜陽

扇面海棠

紅綠交加景攙芳蔚飛蜂蝶更何怯無香無豔何鮮膩一片春光屬海棠

黄紅菊

鼓聲初歇曉初光早馬金堦踏早霜試看晴光臨彩仗絳衣從侍御衣黄

柳上雙燕

呢喃紫燕出烏衣秋社成時已自歸自喜荒村茅屋矮等閒不向玉樓飛

竹上白頭翁

山林逸性任飛翔久佇東風綠野傍獨倢三陽
初發育白頭相慶在高堂

白梅

庾嶺臨寒雪未消好風時送暗香飄月明清夜
閒看處疑是藍關積玉瑤

燭

黃蜂已盡蜜脾殘明炷蘭膏徹夜看可是分陰
先聖惜故教待旦接曦丸

絳碧挑

嬌妍如錦繡乾坤爲向東君鄭蚤春今歲風光
猶去歲故教傳寄探花人

扇面

溪亭小坐對晴暉樹底輕涼襲葛衣滿目風光
看不盡青山遠映白雲飛

裁紙刀

堅鋼本自錕鋙鐵巧製刀裁玉似泥亦任參差
形不正須教還截一方齊

扇面賜世子

曉岍瀰瀰春水新錦鱗游泳飫香蓴漁人得意
重回首不為謀生為養親

大雨有作

羽客鞭輿四海龍飛騰鬣沸舞長空須臾暘谷
晨光發德澤洪敷萬物豐

扇面竹

移植瀟湘竹數莖風清月淡影縱橫空庭夜永
凉生袂碧玉枝頭聽鳳聲

白燕

拂掠翩飛入畫堂幾回弄語立雕梁烏衣本[illegible]
今何素為冒三冬五夜霜

紅菊

天門曉日射曈曨月殿香飄桂子風金榜名揚
天下首玉堦傳賜狀元紅

扇面鳥

新揚著雨如蠶線活水生風似轉輪好鳥飛來
應有意一聲喚起小橋春

答進扇者

午殿沉沉避暑須篆烟不動鳥無喧忽然稚子持紈至廣播仁風遍一元

夏江人物扇面

琴韻應同竹韻清琳琅時引鳳和鳴江山賸有幽人興月淡風輕玉露生

扇面

郊原未見添新色知是前塘氷泮無鳦鳥帶来生意滿柳邊方識蚤春初

紅梅

曾看點染赧赦濕未識粧成錦繡裳月夜虛
風細細時來馥郁散幽香

綠萼梅

龍鱗梅蘚堆晨雪鸞尾芭蕉拂夜風莫到橫窗
凝素影月明暎綠入花叢

萱草圖

北堂寂寂舊規模陟岵辭膽歲月踈落日西山
空帳望萱思千載憶斯圖

夜賞詠風花雪月

透戶嚴風作夜聲催開凍蕊暗香清漫空北雪
繽紛散掩映虛窗月色明

雁

紫塞秋高聽角初啣蘆宿鴈度邊隅于今海宇
清寧日足帛無勞遠寄書

長春競辰藁卷之六

長春競辰藁卷之七

七言絶句類

雙鹿圖

古澗潺湲日影斜呦呦野鹿傍閒花莫言靈囿與亡事已向西池脈絳霞

雙鳩

相並相呼本自成曉來林畔候新晴于今世泰

虞羅靜穩睡汀洲夜不驚

飛鴈

北雪紛紛落塞城高空嘹唳獨恭橫衡陽久[illegible]
歸南國從此承平罷遠征

漁舟

清江石潤冷侵衣瀟灑煙濤伴落暉收拾滿川
風月去一竿衝逐晚鴻歸

竹

篔簹蔥碧本相宜宿露淒清曉日遲為報西窗
風信急長唫只共老龍知

白頭翁面

無拘無束有何憂朝暮山林得自由只恐春歸
留不住故教添惹白盈頭

紅菊

華筵宴樂禁園中醞助楊妃臉上紅蠟炬已殘
歸馬去融融春色滿唐宮

石玉和斗方畫

雨霽方塘曉色新荇蒲深處自為鄰縱橫獨寄
烟波上玉潔冰清應玉人

賜馮道人

偶却華擅數十程琇瑗當記擲金聲千今驗
天光朗好寄鴻都羽客情

萬國鳴鳳闕

伶倫製律度物成有鳥來儀應瑞鳴千仞岡頭
諸羽靜彩雲高擁聽簫聲

思檜峰回文一首

春暮春正逢閑寂寂夜闌當月桂孫桐人亡世遠
幽窗冷鳳去音踈別院空

窮而

小小茆亭避暑光青山綠水與偏長而今車馬渾無跡靜聽長江一葉航

秋江漁篷圖

清秋蕭索荻蘆叢凉露霏霏浸短篷舟子任教形放浪篷聲三弄一江風

擬題黃鶴樓

黃鶴高樓知為誰回仙手畫石榴皮于今跨鶴歸蓬島鐵篴空遺作世悲

兒童竹馬

并州德政興霏清　接道兒童竹馬迎　他日歸來
原不負千年青史受傳名

鷄

夜色入秋涼似水　玉簪花展翠翹枝　梳翎穩向
庭除立　獨候晨鐘唱曉時

鵝

右軍弗遇山陰客　引頸歡鳴適意多　暖日和風
天正好　且依平渚泛滄波

梅竹雙清

橫枝梅蕚絶塵侵庾嶺春光入禁林且伴此君
爲舊侶晨昏共歷歲寒心

扇

佳木扶疎擁翠岑小舟橫玉弄清音江山萬古
風光老付與東溟天地心

瀑布泉

一派銀河素色光岫中飛下自天潢空中一派
長如練一望遥空意已凉

扇

南畝東臯姑洗期三農者感值雍熙茸茸嘉壹

雞豐兆憑仗天工雨一犂

江樓聞笛

溪風搖曳釣絲輕萬頃烟霞入眼明荻岸悠悠

漁篴起數聲吹徹海波清

扇

遥嶺涵光環亂石遠峰畧影蘸清波輕浮畫舸

中流舉注目江樓雅興多

美人圖

閒看春燕舞差池心緒淒凉獨自知欲寄愁懷
無覓處慇懃傳付葉中詩

竹

幽窻昨夜月華清弄影森森碧玉横會見高枝
承曉露九霄飛下鳳凰鳴

雀梅

羣雀喧飛怯早寒爭枝高下亂成團花翁共解
春消息喜向書窻仔細看

山居野意

山泉縈繞抱荒村翠篠煙蘿敲棘門車馬不經
幽地僻青帘遠颺出低垣

子董

數筍柔芽褪淺紅嫩肌蓁葉列龍葱充庖自有
辛香味供饌惟因第一功

薤

畦畔分來入五葷廟堂時薦郁饋盥因懷陶母
延賓誼纂度臨風剪綠雲

水仙花

百合根圓蒜葉齊舒花常得近清谿玉盤質並
穿叢蝶金盞膚同出谷鸝

畫眉鳥

送暖東風上曉枝間關有鳥弄晴曦猶思張敞
深閨事處處聲聲叫畫眉

萊菔燈

碧石落無聲更寂寂青光吐處夜沉沉東隅景白
仍華曄得伴書生千載心

蘆鴈

曾將足繫邊陲帛爲郵征人萬里書幸值清平
在今日波明沙煖任安舒

春寒

户外東風曉作寒春容和冷入林端柳烟羃歷
籠芳岼杏雨繽紛點曲闌

田家

煖日烘緊杏滿村老翁攜背引兒孫茆簷拂掠
穿巢燕鷄犬無驚敞蓽門

深秋久雨

連日霪霖暝不開竹籬門巷客妨来垂簾掩戶
無人跡煮茗依爐飲素杯

新植小柳

數尺垂楊嫩色新依依踈葉帶先春輕盈白得
東風力不向長亭折送人

江蟹

易得清江蟹貯筐紅膏滿腹足相當開樽正喜
香醪熟且擘霜螯侑一觴

玩純陽集偶成

曾向同儔學道機洞天縹緲白雲飛乾坤一劍
人難識夜夜光芒射紫微

秋日遊道院

煉藥丹房午日遲桂香撲鼻遠風吹乾坤甲子
難言盡花落花開別有期

桃花

曾向溪頭去問津避秦人遇採芝人胡麻一飯
能相引擬作長春洞裏真

茶

龍團鳳髓絶無瑕道院春深晝漏賒喚醒晴窻
胡蝶夢謾看簾外落殘花

中秋偶作

攬得蘆花一夜秋月明江渚兩悠悠鴈聲不共
瀟湘裏管取沙堤自在遊

秋思

露濕銀床月漾明漏籌初永鼓三更遶堦蟋蟀
唫秋兩多少離人不愴情

荻岍秋容

遶岍堆綿荻絮白夾堤絢錦蓼花紅織萍半鋪
清煙薄一帶瀟然屬野容

四老觀泉屏風

挿天壁立峰雲鎖激電紳垂瀑浪飛樂盡其中
惟四老乾坤笑傲自無羈

金母西池

綵雲羽扇合霓裳百寶璚琚響佩璫噦噦鸞聲
空外翠輦珠花蚌獻明光

秋夜

凉月半天光散彩寒風幾陣響來聲金鑪火爇
沉煙細寶帳春融酒夢醒

又

綠竹脩脩隔短墻黄昏凄雨灑瀟湘夢回窻掩
銀釭冷蟋蟀聲中秋夜長

擬内鄉雜興十四首

晴曦初照露華枝散盡凝雲雨霽時空翠濕衣
烟露裏携鑱松下斸金芝

其二

犬吠幽山翠竹深晴嵐半鎖自成陰扶節獨步
姑苔滑謾入雲林不可尋

其三

出户雞聲伴月光遠村茆屋帶嚴霜山中不覺
歸来晚回首前岡已夕陽

其四

薄霧籠山月未斜竹蹊松澗地僊家棘門深閉
人稀到靜看家童栜栢花

其五

曉向西窗坦竹床踈簾半捲引微涼濛濛露著松花濕冉冉風侵栢子香

其六

地僻蕭然得自由横溪分綠見清秋纖纖新月天南挂點點輕雲斗北浮

其七

棘砌深深野客家娱情盡日燕鶯譁低檐駘蕩東風起香送墻頭枳殼花

其八

麰麥芃芃西隴高柘桑密密助蠶繅莫言自只穴
田塍沃都在農家盡日勞

其九

盡閣重門夢自清銀釭影暗夜初更蒙頭童子
呼無應滿耳松濤萬樹聲

其十

讀罷黃庭清晝閒偶然長嘯覷溪山驚飛栖鶴
巢枝落拾得靈松帶露還

其十一

踈巾野服若山翁坐向瑶堦欹太空自愛逍遥無一事半天露墜月華中

其十二

清晝呼童揀野薪當爐自取盞長春但令適意無煩擾便是予心樂道真

其十三

曉啓南窻物色宜坐中幽興有誰知竹巔映日侵書帙花蘂隨風落硯池

其十四

更闌淅瀝空堦雨枕畔初聞酒乍醒欲寐未寐
看夜色時明時滅點秋螢

樓臺春雨竹

禁垣修竹侵朱戶未許鸞凰經久住零零送入
枕邊聲昨夜樓臺降春雨

白菊

拂戶寒聲風凜冽夜初山館人踪滅呼童洗鼎
煮新茶却掃堦頭一拿雪

扇

清漢之水聲流急靜對名香坐苔石山風拂面
有微涼自樂琴書消鎮日

午日飲酒

一寸剛腸心似鐵一年一度逢嘉節拚飲何妨
盞未乾笑談謾吸東洋蝎

長春競辰藁卷之七

長春競辰藁卷之八

七言律詩類

成都十景

龜城春色

煦景朝融藹九衢無邊春意徧三嵎葱蒨草樹敷丹雘帶礪山河入畫圖錦地繡天花作國金繩玉局寶爲樞巴歈好奏昇平曲不是三分舊蜀都

岷山晴雪

晴日高明雪色新接天雄鎮迥嶙峋乾坤萬里
銀闌囿巴蜀千秋玉壘屹奕氣入懷消酒病寒
光到面淨詩塵朱樓幾許雲天濶倚遍雕闌獨
岸巾

閟宮古栢

玉座金鋪迥絶塵陰廊入地古根屯吞吴氣護
龍髯老臧鐵心穿蟻穴新千載氷霜留勁節兩
川風雨長蒼鱗凋零不是涪江樹培植慇懃更
有人

市橋官柳

二月西城颺暖風垂楊夾道蔭長虹黃金穗裊斜陽外碧玉絲棼細雨中拾翠佳人停繡幰踏青公子駐花驄慇懃莫厭頻封植千古風流仰杜公

草堂晚眺

遥指西郊舊草堂少陵遺跡未荒凉當年結構幽栖地千載風騷翰墨場南浦雲通西閣月雪山白映錦城黃遊人仰止祠前水一曲滄浪引

興長

橘井秋香

錦里清飈辭素商内亭深院曉雲凉鶴胎漫憶青天香龍秘猶傳玉井芳入鏡靈漪江夏色御風神洌洞庭香翁源菊潤成虛語幾度臨風壽羽觴

墨池懷古

玄亭咫尺錦城邊揚子遺蹤幾歲年篆刻雕蟲有科斗含章詞賦見漪漣鴻都富貴烟雲過天

標聲名日月懸更喜榜書存海岳高山不盡仰
先賢

濟川野渡

紅亭錦水綠漣漪蕩漾晴光曉日曦倚棹閒看
横渡日鳴橈喜見放舟時凉風習習生蘋末小
雨斑斑濕荔支估客晚来凝望處梨花沽酒趂
青旗

昭覺曉鐘

霽曉禪宮宿霧開蒲牢聲吼出經臺殘星寥落

晨鷄起斜漢逶迤候鴈回江繞魚鳧仙棹發橋臨駟馬使車催登臨有客還懷古廢苑宫華鎖碧苔

浣花烟雨

少城一曲浣花溪窈窕曾聞咫尺迷翠竹亭亭烟外暝紅蕖冉冉雨中低尋幽青杖詩還賦傍險銀鞍酒更携只恐鷓鴣催易晚咿咿隣屋聽鳴鷄

秋日詠蟬

木落霜飛報早秋新蟬枝上噪無休寒朝上苑
晨烟鎖霽景平山宿雨收引出微涼添爽氣催
殘溽暑又難留涵空風露遥穹淨枕上聲來客
意愁

雙頭蓮實

靈根本自華峰移挺出春波太液池紅萼標奇
同一柄綠房秀實結連枝垂芳曄曄呈佳麗獨
立亭亭兆瑞祺藩國歲豐今已應洪基永固萬
年期

賜承奉石磬七袠詩軸

銀燭煇煌曉宴開東華景色映天階金桃已獻長生案玉醞還傾介壽杯福祿亨嘉當盛世襟懷磊落湛靈臺老成與國同休日百歲期頤方賜来

賜承奉周宣別號檜峰

公庭古檜自森然獨抱冰霜色愈鮮曉日蒼涼篩靜影微風披拂響清泉亭亭競秀供頫覽鬱鬱崢嶸接大圍鐵石中心常守固永承德澤一百

餘年

秋夜聞促織有感

秋宇沉沉夜氣清催殘宮漏正深更驚寒幾度堦前韻泣露光依草下聲唧唧醒回仙客梦啾啾愴動旅人情風穿簷幕虛堂寂薄薄澄天淡月明

秋陰

踈陰黯淡壓藩垣薄露空濛映小門瑟瑟風聲噓白晝翩翩鴈影度黃昏幽居自有琴書潤淨

牖潭無鳥雀喧可羨蒔收傳令後幾番秋色滿
郊原

七夕

玉宇澄清燦二星人間乞巧會中庭金盤設上
鸞呈瑞銀漢橋頭鵲聚靈來憶雲堦開錦帳且
看圖繪列華屏良宵月朗天衢靜歡慶佳期醉
醁醽

新月

兎魄初生色正朧玉鉤高掛在長空輕雲溶液

浮天闕薄霧霏微覆禁宮疎影朦朦穿戶牖斜釋淡淡映簾櫳清宵三五流光滿一照千江處處同

秋雨

秋時何是苦陰稠淅瀝淋淫灑不休滴向空堦人覺寐積連古道客關愁依庭多少鳴蛙隱倚戶高低過鳥投可信一天朝霽滿淺濃宿靄更潛收

月中竹影

銅龍漏滴鼓物更銀漢澄澄月轉明露濕玉堦疑有響風搖朱戶聽無聲扶疎自是凌雲器勁直還因傲雪清空院深深凉寂寂呼童幾度掃難成

秋晴

堂堂萬古總天元崇仰穹窿自不言颸爽金飈吹宿霧逶迤雲闕上朝暾明霞散彩連千嶺炳燿垂光燭九原景物亨佳人意悅無邊和氣滿乾坤

秋風

炎暑消殘盡歛藏蓐收秉令值金商梧桐葉上秋霜薄薜荔枝頭曉露瀼歷歷雲邊飛候鴈嘤嘤月下韻寒螿書窻默坐添詩思時有晴飈拂體涼

霑天雨

無聲密密雨霑霑亂舞長空細更纖陣陣漂零飛曲檻紛紛散漫濕虛檐隨風拂拂翻輕幕逐霧濛濛透短簾歛盡癡霾秋宇靜蒼涼雲外曉

陽遲

贈德陽王來鶴俊詩

千里飛來九澤禽偶停棲榭本無心養成勁翮精神壯煉就丹砂歲月深竹徑午風隨飲啄柳塘晴日趁花陰禁園從此添奇勝時倚危闌聽好音

早朝

斜月光迎鎖闥旬文儀武衛肅嚴陳股肱侍漏能襄理元首興明貺自甄庭燎騰輝星漸落旌

旗搖繡夜將晨九門時聽轔轔韻應是金階過玉輪

香烟

疎簾風拂散還生透幕穿幃蕙麝清自想其形那有韻細思爾質本無聲閒中縹緲添神思坐裏輕雰奕性情滿室氤氳和氣遍靜存內像境分明

柳絮

嫩綠柔枝帶淺黃疎花輕逐午風颺不成豔萼

依江國来作流萍向野塘點點縈窗難壓重叢叢落硯不飄香漫空恍若初冬雪應兆年豐國祚昌

詠書堂前楊栢次韻

幽窻晴鎖白雲飛片石欹湖向紫微拾翠登臨閒進步尋芳吟眺欲忘歸庭前碧葉欺晨雪堦下蒼枝映曉暉時值風和春色暮且將布縷易輕衣

春夜

萬籟無聲二鼓初銀燈吐焰夜窻肆安恬耳目
情偏適磊落胸懷興在書密靄空濛籠院宇橫
烟輕抹鎖庭除寒蛩唧唧春宵短蕭散怡然樂
靜居

宮燕

十二珠簾倚綠窻閒看玄鳥舞雙雙頡頏遂水
依春岍拂掠啣泥向曉江午霽每飡蠛蠓谷晨
暄時過亂蘆矼虛簷日永清朝辭共立雕梁語
雜咤

成都十景

古栢森森碧葉齊春城日暮草堂西岷山雪霽排銀壁浣水烟籠鎖翠堤橋井香浮金盞注墨池色潤絳毫題濟川舟送鍾鳴遠官柳橋邊疋馬嘶

瀟湘八景

山市浮嵐映曉晴洞庭秋霽月華生江天雪墜同雲布烟寺鍾鳴宿靄橫遠浦輕帆依岍渺長空征雁集沙平瀟湘入夜添霖雨掩郤漁村夕

照明

觀新秧有作

青鍼刺水嫩茸茸長育全因造化功風露滋然逢歲泰雨暘時若兆年豐離離嘉穀宜登薦簇簇祥禾稱早充黎首足榮天下樂帝圖廣大保無窮

蟬聲

入夏初臨爽氣清緑槐高處蚤蟬聲幾從葉底吟朝露數向枝頭噪曉晴院宇沉沉炎日永軒

意奕奕午風輕秋光未到君先到撩亂愁人白
髮生

柹油扇 借懷字一韻

楮面為衣竹作胎朝昏出入在襟懷輕籠柹實
紅姿潤密灑金華黈色堆秋夏開篋臨几席春
冬藏笥隅塵埃煩蒸掃盡須憑力一舉涼生遍
九垓 黈赤黃色

秋日

雨霽秋陰蔭草廬新涼送爽入郊墟啁啾蛩響

堦前集鳴咽蟬聲竹裏居風拂幽林空寂寞雲遮曠野思蕭踈籬低白晝無人到滿目詩情自有餘

鴈

木落天高夜氣清霜空鴈陣過邊城廻風斂翼黃蘆岸帶月梳翎白草坪沃壤無驚從自適澄波有意任縱横歸時莫向瀟湘哭感愴天涯羈旅情

祀禮

圜丘具禮向南陽稽古還宜大典將崇敬恍然如影響孚誠章顯在昭彰思存籩豆陳樽爼樂奏簫韶薦幣觴齋沐身心嚴祀事神其寘格若洋洋

秋夜

斗帳凉生午漏催星沉銀漢夜昭回踈燈半照金爐冷輕露微侵玉几埃一枕遊仙清梦覺孤鴻度影遠聲哀披衣佇向天街看佳氣層層接上台

琴硯

桐梓經年自嶧陽斲爲琴式助文房細磨蛇腹光含潤輕鑿龍池墨帶香七軫豈能隨轉側數星何以按宮商舜絃試鼓薰風調鎮日須教在玉堂

鶬鵝

春水瀰瀰初滿陂野萍滋育乳鵝肥曉涼馴逸臨苔砌午霽清游下淺池巳見嬌黄纔退白漸看輕素轉霜姿鷹鸇不鷙還隨啄得失平時性

自宜

𤞑𤞑笛

昔從嶰谷取材良製截為箭按羽商哽咽悲沉千里月悠揚悽斷五更霜西風漠漠黃塵遠朔氣茫茫紫塞長高吹一聲寒夜寂驚迴征鴈度瀟湘

藕帶

勁節玲瓏素所持霜腴粲齒勝瓊飴膏羅七曜熒熒玉膚隱千莖媧媧絲縷膭有天機通活水豈

同凡彙染汙泥靈根孤潔知何自出向三峰太
液池

幽居

搆得茆齋屋數椽味清境寂類林泉夜涼月轉
蒼梧上曉霽雲生白石邊王質碁閑空掩局陶
潛琴掛久無絃頻懷玄晏先生事架積雲緗億
萬編

春日晴望

明巒曉日破雲開嵐盡烟消萬里臺野澗分流

來錦水沙村樹杳接宮槐山空自絶幽禽語曠野應知閑客來對此何勞登別勝相看不厭舉瓊杯

偶覩君父墨跡而作

幼稟椿庭十四春萱堂撫立已成人常承熊膳資勤志每荷裁機仰重仁豈憶慈幃仍見背可憐孤子更無鄰嚴君已逝天涯在為子何由復見親

江閣凉陰

曉起雍容向北牕坐評已覺晝初長心潛默默閒中境意定洋洋靜裡涼蟬韻響禽琴依密樹蛙聲鳴曲送斜陽悠然滿目江山景倚閣憑虛在水鄉

春遊晚眺

閒向郊墟眺莽蒼天時人事別風光和風拂面知春暖細草侵衣覺晝長點破青山鴉帶影背殘紅日鴈分行幾從回首頻看笑院竹垂陰覆短墻

賜周承奉生日

林鍾律應值朱明喜溢酡顏鶴體清丹札景雲
承美遇黃麻德澤被恩榮皇州天國忠誠相蜀
屛仙都宰輔卿夜向午階看斗正五星環繞注
延生

長春競辰藁卷之八

長春競辰藁卷之九

七言律詩類

瀟湘八景

山市晴嵐

雨洗羣峰翠欲流微霄輕靄未全收銷魂屈子
千年意彷彿關同一幛秋壯士誰將銀漢挽仙
翁自詫玉壺浮等閑未逐輕風散更伴茶烟過
酒樓

洞庭秋月

楚澤清霄湛蔚藍滄茫無際照寒潭天光澄徹
金波映雲影空明玉鏡涵咫尺綃宮通上下十
分秋色在東南憑誰為喚謫仙起騎取白雲歌
醉酣

江天暮雪

江上雲同寒作威水村蘆市半扃扉郢中妙曲
燈前聽沙際魚蓑畫裏歸集霰漸淩妃子竹隨
風欲上楚王衣羞明莫怯君山月玉龕銀汀更
有輝

烟寺晚鐘

古刹沉沉薄霧籠霜飛千里楚江宮林間犬吠僧歸院山外禽栖鶴立松金吼隨風來枕上蒲牢和月到窗中驚回客夢知身寄紫翠千崖第幾重

平沙落鴈

秋滿平疇足稻粱直從塞北過衡陽陣旋天際迢遥下字寫雲邊百十行嘹唳蘋洲風淅淅徘徊蘆渚月蒼蒼水平沙暖無矰繳回首回[illegible]是

故鄉

遠浦歸帆

三千三百碧波平隱隱孤帆一羽輕秋雨秋風何限路江花江草亦多情川凫浴處窗中影林號嘯時枕上聲搖曳瀟灑亂淡烟裏滄浪歌罷有餘清

瀟湘夜雨

銀竹森森葉葉上聲凄凄寒溜滴初更鳴擲水市千家靜結網魚燈一點明篷底幾人驚破夢燈

前孤客未歸情吟成何遜空階句清鏡明朝白
髮生

漁村夕照

前山紫翠閃金鴉水邐汀洲露幾家隊隊交鶄
藏櫸柳雙雙屬玉隱蘆花王維畫意橫飛靄謝
脁詩情寄落霞稚子尋烟收網處酒旗烟外月
鈎斜

長春十景

內苑風光

大明形勝蜀都城歷井捫參拱
帝京高自玉宸分玉局遥從金水接金明雲屯
象緯垂華蓋星布龍躔聚德精萬斛春容長藹
藹千年佳氣日盈盈

覽勝舒眸

朱宮深處倚雕闌方寸心通海宇寬八面窗虛
迎白顥三臺樓峻擁青巒靜觀理物天機妙平
步坤隅地紀安不盡臨高舒眺意雲邊烏兎任

華軒稚峻

天府堂堂蜀國開軒懸金榜勢崔嵬峥嶸畫棟烟雲壯藻麗雕楣日月迴水碧金膏留勝覽祥風銀月自追陪峨江千里真如帶滚滚朝宗入座來

清隱肅氛

一塵不到堂虛靜散服逍巾亦曠疎小院漫憐馴一鶴方池應許浴雙鳧人閒淨几爐香細畫永黃庭墨妙舒應笑潯陽陶靖節不須入境結

五言盧

逸興書懷

優游靜地每怡情坐對東隅麗色明物外無過詩與酒此中何用利和名簾攏風颺搖書幌花席烟浮煮茗鑪閒步幽齋詠風月芭蕉葉上句初成

哥山佳麗

干雲縮地排天峰頓覺山情入國容風定秋庭森鶴竹月來冬嶺秀孤松分明蓬島參差近彷

彿香山咫尺逢佇日遠瞻龍罩裏葱蘢佳氣鬱
重重

曲鑑幽泓

蒼茫銀漢瀉三天瑩潔幽泓注渺川瀲灧涵虛
浮日夜縈迴浸影動漪漣千尋曉色金鋪暎一
片寒星玉鈿連天府古来稱沃野永看千里是
豐年

布春六極

煕皡陽和萬象新斗杓東指轉洪鈞風和巧語

澗黃金溪暖晴光轉綠蘋農事萬家開沃野賞

心千詰慶芳辰東皇可是無私處共喜芳華一

綠春

此君鏘珮

羽人瀟灑定幽居移得新篁萬本餘陰轉琅玕

龜檻曲色侵翡翠映窗虛霏烟擊露涼巾屨掛

月榻風冷珮琚鳥鵲不喧清櫚淨瀟湘咫尺在

階除

洞天仙境

碧鷄啼徹滄溟日朱鳳吞殘紫樹烟玉砌瓊枝交燦爛琳宫瑤草共芊眠雲中仙室流丹竈海上人家種玉田塵世難同真境別分明象外一壺天

綠蕚梅

曾向西湖著淡衣素肌瀟灑步來遲清癯湛露青珠粒寥亂歌風碧玉枝縞色只教琴趣得寒香不使篴聲吹凉宵應有朦朧影報道書窗月上時

落霞

餘霞流彩暮天東送却斜陽更暎空一縷凝煙山映紫千江横浦水分紅村村卜樹歸鴉陣處處停橈估客篷百尺樓臺吟不盡熹微又夾月明中

擬無題用元人馬祖常韻五首

巴山迢遞接岷江嶺樹高張羽葆幢滄海月明珠蚌一丹山日暖鳳雛雙昭回銀漢天浮宇縹緲輕雲晝鎖窻緱嶺霧沉笙韻斷曉泉鳴澗自

淙淙

其二

出匣龍泉夜有光石盤玄液冷生香露藏鼉鼈眉端白霜飽蝤蛑體內黄莫辯蒼峰嗟宋子空遺赤壁憶周郎西池春煖蟠桃熟阿母筵前醉舞裳

其三

夜雨西湖漲早潮海門驅架石爲橋九天風露江山嚴八極星辰霄漢遥遠近山花紅帶眼西

南路草綠裙腰雲間斂翼朝陽鳳鋝向秦樓聽
玉簫

其四

秋半旻空玉露垂青年好學董林醫鵬搏擊水
三千里燕語依堂十二時朝閣薰踈風乍覺午
揩漏下斗頻移無聲漢外銀盤轉獨對清輝把
玉巵

其五

雲邊飛鴈望中遙風外颼颼酒旆招花塢鳥驚

雙影亂松巖鶴起一聲嘹喨鸞仙女銀爲關渡蟻仙郎竹作橋好向清宵待明月潯陽江上看回潮

擬元人韻十首

其一虞集贈道士韻

霞朓星冠覲紫微夜深金鑠振朱扉清涼翠蓋玄精結散漫琪花玉雪飛六幕天中翔鳳翥九霄雲外跨鸞歸青冥回首人間近壬癸方維露濆衣

其二贈丹士用前韻

九轉丹凝石髓砂晨餐夕服悦年華氣騰石室遮紅日光射山房罩紫霞松頂鶴歸乘曉露苔心鳳宿訝春沙功成覆践朝元後光碧丹丘處處家

其三贈賓神清歸隱茅山用前韻

曉光初日上扶東石逕逶迤不畏冬駐色已和千歲露延齡曾採萬年松飛廉古嶺鷲眠虎霹靂空山起蟄龍明日欲詢何處所白雲飛處處有

高峰

其四　薩都剌贈劉鍊師韻

道人時駕碧雲車驅入崑崙拾露華拂袖飄飄來爽吹浮冠冉冉擁明霞丹丘境外鸞啣札太乙爐邊鶴護砂自有長生身内訣慇懃何必訪仙家

其五　貢師泰贈天台李鍊師韻

秋横劒氣射蒼空清隱名山已數重寒溜縈迴青翡翠晴峰攢列碧芙蓉靜依爐鴆調鳴鶴閒

向寒潭俯卧龍我欲尋師參至道茆廬幽邃五雲封

其六　趙孟頫送張秋泉還山韻

離塵一去更難招深入雲林去路遥竹杖过徐穿古磴木橇迤邐過溪橋烟松窗影青山暗風竹清聲靜夜敲童子石壇持白雪遍飛海宇兆豐饒

其七　送戴真人歸天台前韻

閒情每向八紘遊笑指東瀛泛小舟身寄有同

雲外鶴形舒何亞水邊鷗深林雲護瓊枝老石澗天澄碧水流君入名山應悵望乾坤方外共無休

其八 揭傒斯送彥尊師歸廬山韻

奇峰萬仞鎖晴烟路入雲溪思悄然曲折銀泉滋藥搗霑濡玉露養芝田林霏髣髴晨扃薇海月光華午洞懸此去更無塵軼慮大椿又植八千年

其九 送道士薛玄卿歸江東前韻

歸心一片複何招矚望雲天景寂寥星燦龍睛應珮劍月明鶴背好吹簫登臨翠島三山潤隔斷紅塵萬里遙疎放脩然無個事佳山風物自蕭蕭

其十 段天佑送妓入道韻

莫唱梨園舊品流五城樓換一歌樓已承寶籙玄宮去猶憶銀箏畫閣留此日清高千古別昔年窈窕一番收于今已副黃冠上不復重脩翡翠頭

紅杏雨

東風吹雨過香堤滿地芳菲濕燕泥葉底輕陰添翡翠枝頭艷色減禋赦偷眠蝶侶魂疑醉倦立鶯兒意似迷老去榮華春已半捲簾欲折較應遲

綠槐烟

輕烟葉底隱宮槐冉冉無端畫不開別院有情也繡戶閒堦無跡到蒼苔鵝黃黯淡秋期遠蟻實摸糊午夢回却喜清風忽吹散斜陽簾箔碧

陰來

黃蘆風

冷雨寒雲更著霜瀟瀟連夕更淒涼無情不惜枯枝短有力偏欺病葉黃七澤鴈汀秋瑟瑟五湖鳧渚月蒼蒼懸愁莫近岷江浦繡戶朱簾亦可傷

梅花雪

羅浮夢繞灞陵橋華月香風共寂寥碧脰寒驢銜玉骨綠毛么鳳啄瓊瑤三分春色應先露百

和天香紙暗飄九九消寒仙客會請吟玉樹倒

金蕉

鴈

一夕秋風入塞門紛紛歸陣入雲屯纔過楓葉

長沙滸忽下蘆花夢澤濱上苑漫多題塔士邊

庭不見寄書人平田菰米應堪足回首東風草

又春

錫爵泰春生日

曉起雲霞燦紫宸懸弧好日屬斯人瑤編已註

當初度寶籙今看又一巡須共六椿莊圃歲再看洲寶閬風春年年朱邸長觴汝不獨青城沱氏民

黃鵝兒花

數榮纖葉長蒼茖秋夜凌寒次第開鶬日謾迎舒夭嬌高風自向振毰毸清溪欲趂獨鱕躚曲嵯峨臨染緹扶如對右軍容與誼山陰好喚羽人來

白鵝兒花

綠素含如畫菖封參差抽出玉簪峰未舒筍質
纖纖捲初綻鵝形翼翼攏擎露籬邊飄馥郁舞
鳳林外拂橫縱顯昂似浴清波裏相思意臨池老
筆宗

詠井

丹幹朱闌露井成銀床玉甃鏡天明寒侵梧砌
蒼苔濕冷合鶯堦素月清江上暗通潮汐候曉
來鬧放轆轤聲汲泉更助沙坪味不羨當年陸
羽名

賜周承奉生日

朱明殿閣祝融天宮醞親分薛紫賢榴日當筵
熏火棗荷風入座薦氷蓮驚鸞笑看巴渝舞繫
玉頻聽蜀國絃知爾已通鴻寶秘年年朱邸醉
彭佺

嘉靖己亥歲仲秋二十六日

欽賜龍牀感荷有作

閶闔朱門向日開彩雲呈色下蓬萊麾幢繚繞
環金陛鹵簿煇煌列錦臺咫尺天威瞻聖德九

重雲漢仰昭回明恩在箒常依佩莫盡餘消與
點埃

賜周承奉樓歎來涼

火雲擁日熾朱光雨歇庭除畏景長門掩虛堂
人語寂簾垂深院燕飛忙高山閑奏枯桐調沉
水初銷小篆香想爾齋居亦清曠漫乘樓歎自
生涼

松澗別號

一鑑徂來古澗深青青碧影礙雲陰夜棲老鶴

虬枝健晨嘯蒼猿鳳葉森十里濤聲驚地籟五更天吹響仙琴願言不改冰霜節柯石根銅百歲心

盆松

祖徠靈本植青罌聳壑昂霄意已生秀色遠招遼海鶴層樓獨惹隴山鸚舊風驚籟凝香靜庭月移陰入座清他日候爲梁棟用可同弘景聽濤聲

別都憲直集齋 有引

大中丞丘集齋撫蜀三月紀綱振肅百度
維貞士庶傾心而谷夷率款予忝宗藩方
藉保障遽聞有西江之擢天其遺吾人乎
愛莫能留詩以別之
中丞繡斧來天上號令風雷動蜀川雜谷番夷
今再款
清朝節度坐籌邊龍光既已歌華胥山斗何當
望眼懸俄頃神功重峨雪又翻霖雨沛江泉雜谷即占維州地其酋長正德間始六降今再款故及

集齋請詩啓附

欽差巡撫四川等處地方都察院右僉都御史

丘養浩謹啓敬惟

忠孝賢良蜀王殿下

若稽古訓

遹駿先猷

存心養性以事天

脩身齊家而治國

鑾廻鳳翥邁北海之善書

玉振金聲陋東平之工頌
擬聖而作
爲天之章得之奚啻十朋寳之當珍萬世
職聞先是巡按御史王珩謝瑜均蒙
陛下載形心畫
揮示睿謨昭于
琬琰之傳燦若
絲綸之被伏念職承乏以來荐膺
楚醴得代而去將遠周行用是不揣謭劣庸

竊比二賢之榮遇仰止
雲漢妄意十行之
寵光敢望
殿下
特紆睿眷
親灑奎章商書灝灝爾入宇宙於胸懷周
文郁郁乎出風雲於掌握倘使
麗天之象下燭螢光敢忘
垂露之恩曲覃鴻澤頻增連城之重價永

爲傳家之寳藏職不勝懇切祈望之至

長春競辰藁卷之九

長春競辰藁卷之十

七言律詩類

宫窻清興四首

其一

明窻長晝獨從容單袷閑来坐暖風朱户柳晴鸎未語閒堦苔浄蟻相逢茸茸草色吟邊緑灼灼花籌酒裡紅春事近来渾不管楊花飄泊畫樓東

其二

鼓鍾初動未啼鷄東曙星升曉月低金屋風清來燕雀玉階煙細吐狻猊擱烘閣道容偏艷槐覆宮墻與欲迷浴罷蘭湯湘簟冷影移庭竹夕陽西

其三

流瀣初生子夜天金盤玉液注寒泉丹房著象藏玄彩石室流光透紫烟悵望天門雲盎盎擬乘仙馭鶴翩翩何時八極無拘礙明月清風任往還

其四

仙書昨撿啓琅函仰向天邊下雪巖又見清霜凌竹樹坐看寒日下松杉人間石竈丹應熟雲裡青山藥未鑱自信吾儕有仙骨不須齊膂問巫咸

擬送宮人入道用元人陳安韻

霓裳脫却出彤宮不作鴛鴦錦繡工日暮古壇黃葉雨夜深虛閣碧梧風黃庭獨誦心猶苦青鳥難歸信不通未記清平舊時曲步虛聲在五

雲中

雨

穿窻打戶因風急處處霏霏灑原隰竹間猶帶
亂聲繁溪畔更看千點入漁子扁舟水面寒妝
豎長堤叢裡灑此時聊可共清罇閣筆倚欄頻
佇立

幽居自樂二十首

其一

高聳雲山疊障陰森黃排綠樹顏深蔚蒲漸瀝

清秋渚梧竹瀟翛白露螿宿砌寒蛩無斷韻度空朝鴈有餘音一盃獨酌娛寬意不羨江湖散逸心

其二

層樓掩暎竹蔟陰一鑑澄波激灩深翠栢青葱依古蘖黃葵暢茂對幽螿露淒草際寒蛩韻風細天邊候鴈音倚檻頻看清潔景凉生四座靜虛心

其三

避俗幽軒靜自陰近山嘗與白雲深夕来朝去看鶴陣雨暗晴奇對石釜萬竹藂藂穿日影千松拂拂聽濤音醉中自有襟懷樂倦茗清泉息倦心

其四

梅杏爭春綠葉陰閒堦融日暎堂深頡頏亂鳥穿楊徑喧雜鶺鴒集竹釜隱士橫琴鳴古調幽童焚篆扣瑤音侵朝盡日觀山景一派流泉滌慮心

其五

閒看鸞鶴舞松陰檜栢千章蔭地深青影扶疎侵北牖綠雲陰曖翳南峯猿啼夜月長空穿鴉噪朝陽短堞音可嘆市塵憂喜處道人原脫喜憂心

其六

六合濃雲蔽日陰晝齋獨酌晝方深微風細細侵玄幕清霧濛濛濕翠峯好雨深堦添潤色輕添簷溜滴琴音虛堂靜境誠爲樂一點纖塵不

染心

其七

輕盈紅葉落堦陰倚戶頻觀秋色深露濕螢光過薜砌風驚鵝陣起孤坌道人醉臥方成熟童子敲門報好音報道松枝甘露集呈祥嘉兆本天心

其八

樂遠幽居勝華陰竹梢露滴僻堦深雨催杏葉舒芳圃風逐楊花過淺坌燕羽樓前瀾亂影鵲

聲櫵角送佳音道人自是無爲念何用頻頻擾我心

其九

升沉日月迅光陰僊死門庭步步深風靜林鶯歌露柳日融海燕舞雲崟千家松栢同香氣九陌笙簫雜鼓音爆竹聲中殘歲盡一番春意恍人心

其十

百禽弄語在林陰笑學間關趣更深綠沼若珠

眺淺瀨翠屏如畫隔遙峯平堤握筆吟清詠曲水流觴振雅音會得賢才二三友暢情樂事賞予心

其十一

密密庭槐晝覆陰落花飛雪積堦深杜鵑聲老藏荒樹屬玉行斜過古峯把酒簷前邀舊友吟詩檻側會知音春秋轉轂天時事不覺年華易邁心

其十二

喬松蓊鬱澗邊陰曖谷回春土阜深花放梅枝橫淺水荷拘蕉幹滿長釜青鸞邊漢隨金母玄鶴沖霄振玉音萬物靜觀皆自得古人佳句合天心

其十三

洞門半掩晝清陰風靜簾垂別院深坐向軒楹依素瀟回看樓屋聳青巒綠楊細細蟬聲響翠篠森森鳥亂音石鼎煙輕茶正熟澆湯烘盞甚怡心

其六十四

獨向南窗坐晚陰對看唯覺翠華深平川登勝覽近濛小嶂青如黍岳峯隶燭設敲棊局韻藝香輕理雅琴音夜籌彝彝纖塵淨多少幽人稱賞心

其六十五

憶昔先賢惜寸陰挑燈觀史坐更深清癯遠影樅陰[illegible]脩皎潔新蟾上小窗逸響數聲侵几韻遙花三弄入琴音消閑樂共幽人志笑傲乾坤叙

浪心

其十六

鳥鳴院靜地陰陰秀色光雲竹徑深垂葉露濃低小檻振條風響拂虛檐嬌鶯乍出煌煌色新燕初来呢呢音徙倚閑庭真意會幾迴恣賞滌煩心

其十七

數村殘照半巖陰一抹烟霞隱壑深逸士長吟蒼蘚逕偎翁方下翠微峯行舟載酒尋知友策

杖携童訪德音弗遇奇入頻轉首一鉤新月上
増心

其十八

幽軒修竹轉涼陰一葉西飛月徑深風露淒然
臨鮮砌星河煥若映松釜靜焚百和爐烟細聞
聽三通角吹音倚枕故歛無俗念一般清味在
吾心

其十九

清幽一室傍松陰樂興蕭然內苑深鸚鵡晨暾

騰碧海零零宿露洗青峯山禽每見聯輕翼皆
鶴時聽振好音手執一函延壽籙性天之道在
予心

其二十

濃雲時擁四方陰暝色沉迷一望深掀箔風威
来峻宇拂簷雨陣下危峯天邉閃爍金蛇影漢
外轟塡玉虎音入夜既濡滋沃壤當春足可慰
農心

首尾自得吟一十六首

春景四首

閒看內苑好風光熙皥時和屬艷陽翡翠半舒青柳嫩臙脂初點絳桃芳池波疊皺東風軟山靄輕遮北阜長深院半醒遲日晚閒看內苑好風光

其二

閒看內苑好風光影薄荼蘼日轉廊黃鳥有情留晚樹白鷗無意浴春塘落紅簌簌花顔老濃翠依依柳線長料峭竹邊風乍拂閒看內苑好

風光

其三

閒看内苑好風光踏遍芳華輦路香桃杏爭妍分淺徑松篁倒影拂平塘低墻喔喔鷄啼晝小閣彊彊鶻噪陽回首高城新月上閒看内苑好風光

其四

閒看内苑好風光繞目韶華晝景張内苑小枝梅豆早閒庭舊竹筍簪長村家蚕過收桑急田

含禽催刈麥忙我醉何妨斜日落閒看內苑好
風光

夏景四首

閒看內苑好風光水浴新鵝嫩酒黃碧荇田田
牽內沼青葭蔟蔟長東隍荷錢數點堪垂釣竹
玉千竿助舉觴清賞流年休易邁閒看內苑好
風光

其二

閒看內苑好風光謾把琴棋付日長書卷緩陪

神思倦茶烟清伴鬢毛蒼棟花飄落來庭院浴鷺聯翩下渚塘身處雲林心物外閒看內苑好風光

其三

閒看內苑好風光碧沼荷擎宿露香粗笞摘蔬隨短楫文樽携酒泛輕航綠蕉題句揮華筆蒼栢成文附縹囊簫鼓聲追佳景樂閒看內苑好風光

其四

閒看內苑好風光清臥書齋蝶夢長嶺上扶疎松竹蔭池中馥郁芰荷香幽窗窈窕無塵觸邃宇深沉得靜涼日午槐陰聽燕語閒看內苑好風光

秋景四首

閒看內苑好風光灝氣蕭森應素商細雨過村連斷靄殘霞穿樹映殘陽蜩蟬咽露清聲響鷹隼盤空健翮揚撫景沉吟應有感閒看內苑好風光

其二

閒看內苑好風光螢影高低暎粉墻鼓角高城聲乍起簾攏沉院影微蔵霧輕聊鎖窻前月露重多凝砌下霜燈火可親書可撿閒看內苑好風光

其三

閒看內苑好風光心泰神怡味道長庚亮樓前秋月白霜濃籬畔菊花黃珠簾半捲爐煙影玉醴新斟滿盞香展卷讀吟新句好閒看內苑好

風光

其四

閑看内苑好風光佳菊殘英泛酒香雲散遠峰明微茸翠平水澄幽澗淺浮蒼桑烟晚抹横林數梧露晨凝凍井床坐愛晚林楓葉赤閑看内苑好風光

冬景四首

閑看内苑好風光朔氣初回木未僵烟透狻猊添窗火暖圍鸞鳳列帷房簷飛密雪梅將白庭

下清緗繘畫黃東閣煖爐煨酒熱閑看內苑好
風光

其二

閑看內苑好風光寒雪初消露淺芳和靖吟邊
梅跡古蘇躭去後橘遺香枯枝挂月偏横砌落
葉流詩自出墻美景多留佳縣地閑看內苑好
風光

其三

閑看內苑好風光歌榻舒徐擁鷫鸘風結夜陰

揚六出天窮暮春歲算三光寒侵枕畔人多思凍
極林漈鳥亦藏閉戶袁安高穩卧閒看內苑好
風光

其六四

閒看內苑好風光月令宸宮衣爕裳滿室僧香
春盎盎一堂翦火與煌煌文書延用三冬日氣
節應凌五夜霜須評此時乘此樂閒看內苑好
風光

詠八音八首

金

閒看內苑好風光八佾音諧祀社堂鳧氏作形清濁載莊公鑄質巨兼長玄英北吹千乾象紫氣南騰聚履祥逸響晨霜徹通曙閒看內苑好風光

石

閒看內苑好風光韶樂閒音復魯堂斷續泗濱浮石美輕清瀛上出琦良扶桑曉日閒精景閣苑和風布爍陽雅奏鳳儀知獸舞閒看內苑好

風光

絲

閒看內苑好風光錦瑟端奇設紫石五十華絃悲夜月三千新曲散朝霜淒然悠韻和清籟慘若餘音麗遠湘流水江臺魚躑躍閒看內苑好風光

竹

閒看內苑好風光編竹為形雅韻長七數遺形應火德九成韶美集鸞鳳滄波夜沸龍吟月碧

澗晨寒猶嘯霜百尺樓中聲激楚閑看内苑好

風光

匏

閑看内苑好風光遺自媧皇製羽商十七嬌鶵

鳴峻嶺千般仙曲按清簫輕風吹引遼天鶴薄

露侵臨漢境凰玉振金聲鏞間奏閑看内苑好

風光

土

閑看内苑好風光始製庖犧禮樂張萬物育萌

由此出五聲和暢賓竒良西南維應先天氣秋
夏時交節吹凉伯仲塤篪誠典則閑看内苑好
風光
　華
閑看内苑好風光踴躍朝陽每繫鐘簡簡協和
竽管律閬閬節奏象音揚三千禮樂威儀守五
十腔調表吉行近助君家賓客侑閑看内苑好
風光
　本

閑看内苑好風光控揭相和體用方龍虎鳳龜
羅四側春秋象物定中央數合離藝歸形聲樂
播鏗鏘付廟堂合止二一音無間别閑看内苑好
風光

長春競辰藁卷之下

長春競辰藁卷之十一

七言律詩類

擬杜工部秋興八首并次其韻

遙夕涼飈入遠林他山寥落露森森浮雲黯淡秋陽薄清露霏微曉霧陰鴈陣霜寒驚遠夢馬歸歲晏促歸心秦城樓閣烟花裏聲斷長安萬戶砧

遠戍旌旗拂塞斜霜風凄緊別年華逸人縱放穿雲鶴仙侶飄搖掛月槎秋暮煙嵐鴉戰鼓夜

關塞北動胡笳關山月淡浮雲薄飄散邊陲作

雪花

曉星寥落動晨暉戶色熒熒對啓徵嘯月夜須

依樹集邊雲秋雁傍空飛秦川紫邏心徒切杜

曲黃花願已違東濠西疇村酒熟野人應羨稻

粱肥

大火西流天局棋霜凋錦樹亦堪悲千鍾露白

秋宮日百碗雲腴午漏時白髮江湖聊散澹黃

壓天地苦奔馳金支翠旄靈關遠個個猿聲夜

夜思

戴斗崆峒憶碧山籌添靈屋海波閒秉餘白鶴王喬嶺度卻青牛老子關金品丹霞更短髮壇璧璪液駐頳顏鶴鳴葛璯俱仙府便擬雲階侍

玉班

曉眺楓林渺際頭白藏秉令正當秋巳歸社燕無煩語適至冥鴻豈自秋愁身寄塵寰難比鶴心餘物外可同鷗沉沉龍虎秦城氣渺渺蠶魚古

孟州

帝業難成百戰功山河迴固廣輪中規模宏烈
先天象典則貽然萬古風和氣致臻霄漢彩卿
雲常捧掖坦紅奠安海宇清平化溥澤黔黎白
首翁
都門閣道迴逶迤物色葳蕤皇子陂日彩纔烘
千歲果露華偏浥萬年枝烟霞尚想珠宮麗星
斗頻看銀漢移江上秋風重回首荒蒲衰柳夕
陽垂

宮中晨景詠蟬

古桂峥嵘綠蔭重藏聲葉底弄秋風喧啾伴遂斜陽轉向背幽含湛露濃清潔自分凡俗別狐高應與隱淪同爾生莫遣螳蠰覺留取餘音侑耳聽

賔暉書屋

東隅啓曙漸明虛旭日 迎賔映隱居煖吹催寒神自逸晴暉挹爽意偏舒一塵不到天堦浄靉牖應看霧徑踈獨坐曉窻增慨與融和架上萬千書

挂壁燈

製鐵規圓體色玄長廊高置徹宵然心燒寸草三分自熔吐纖毫半抄鮮屢歷時中知轉側經行步裏映蹁躚熒煌一點光生大何取燭龍照夜天

夏景寫懷

舒懷樂意決無猜共向羣工步月臺殘日半窺新月出薄雲初抹淡烟來霞烘草色侵衣袂風送荷香入酒杯折飲自餘何足況任教籌急曉

雞催

櫓　擬元體古韻　失名氏

良材勁直穩龍舟搖曳咿啞遡碧流風雨縱臨多歷歲雪霜何避裂經秋有驚鳧鷺時辰起不畏蛟魚日夜浮重午可教因費力梢頭鼓急莫淹留

愁　擬元人同起韻

鬱鬱心懷語較遲行居常在面和眉為何哀鬢難終日甚事紊腸未了時歲月蹉跎如結縷晨

瑣碎若紆絲只消身寄紅塵外榮辱無干亦
不隨

夜行

西出陽關躍繡鞍連珠哀草露無乾郵亭路柳
含煙暝野水汀蘆帶月寒夜冷老猿哀韻切星
明征鴈斷聲殘迢遞別是殊風景方識行途萬
里難

放龜 擬國朝人黎公并韻

豈用神機決大疑靈精俛仰自當爲曾遭漁父

緣冒得可遇奇童再贖時此日罹憂無轉側他年恩報有相期適逢脫難從何見足躡方知候水湄

燈花 周亨遠韻

簾幕低垂素牖䟽鼓鐘纔動月生初銀缸結處發猊首金粟屯成老蚌珠兩葉呈祥占有自一團協吉喜偏餘殘星半落光猶滿得照邊朝著錦襦

石鼎茶煙 擬國朝沈玄韻

採得廬山石作鐺雲芽和露入煎烹清香初散
蒼霞結殊味新成碧霧横冉冉輕浮春日暮霏
霏薄靄晚風生胎禽遠避聲嘹唳遺響空留在
月明

柳花 擬國朝楊忠讃

宮墻飄入暮春時知是東君意欲歸不捨韶華
留浪迹可教艷雪點輕衣力微茗砌爲團捲狂
向長空作陣飛何解無情撩亂處踈牕簾外半
斜暉

漁燈 擬元穀韻

清江釣艇盡收綸身世常依水國親夜永如星
明荻渚天清似鏡瑩莎濱熒煌烱烱穿蘋荇閃
爍沉沉撥細鱗掩映孤蓬光漸薄回看東極動
微晨

梅杖 擬元人謝宗可韻

採得蒼枝帶蘚痕脫香猶自倍精神扶形六尺
堦前色倚力三分宇內春謝却孤山瑤砌女巳
隨華館玉堂人經年不朽常親伴惟在眠時暫

離身

晚行 擬郭子沖韻

草店燈熒夕景曛鴉聲馬跡靜途塵林幽已識無樵侶水闊惟看有釣人悵望匆匆催去遠徘徊戀戀顧歸頻琅琅山寺鐘鳴杳漸起前岡月色新

梅魂 擬元人薩都剌韻

清風明月歲遲遲獨伴孤山夜寐寥蝶夢深迷渾似醉蓬聲遠遞若為招癯枝競秀煙輕鎖冷

莚理香雪半消和靖不來人事古于今景物白

蕭蕭

東郊謁奠

先考寢園有感而作

陽春淑氣景和催曉出城闉遠界閑草木含光

行裏見松楸鬱秀望中來臨祠黼黻瞻神几入

殿衣冠對上台朝罷匆匆應轉首彷徨東顧不

勝哀

大風夜作

天際浮雲掩月華迋風時作簸塵沙三重茅捲少陵屋萬樹松鳴弘景家涼入頓清詩擱筆影搖頻襲燭籠紗却憐窗外餘香散吹落薔薇一半花

藍池

碧葉蓁蓁雨露滋數陰旁合蔭清池九重天色明難晦一片澄波定不漪夜月光浮涵玉鏡晨煙輕蘸草琉璃黃冠野服同琴鶴散步雲堦有所思

初秋即事

身寄東隅小鉢堂睫便書枕竹方床喜逢一霎
過晨雨添得六窗今夜涼院竹扶疎聲戛玉庭
蕉搖拽翠舒幌隔簾細聽莎雞韻笑合涵風七
月章

賜甯承奉生日

弧南光餞下雲梯旭日蒼涼映彩霓鶴算綿綿
增海屋龍煙滾滾吐狻猊丹桃九熟盛珍器綠
醑千年注寶瓈瑤草璚芝何羨永碧山一望壽

山齋

辛丑歲仲冬子夜夢於城市遊目四觀隅西有道守一所墻內茂林竹柏森暢予方欲入而天日朗霽若早景焉對此佳致逸興偷竦而復見一鷗醒錄為詩紀之

市廛曉日燒熙熙四望方隅景色奇雜犬弗聞茆屋寂鶯鷗喧集土垣丕恢洪自有威靈驗淺薄寧無俗意私竚立徘徊頻轉側一聯無句附於詩

夏雨有作（自入夏之中午則暝陽而雨夜則月色如畫故有晝暝陽光夜明月色之句）

玉虎聲中送遠雷俄看黯黯黑雲堆雨飛蘇脉千山迥風捲迷塵四野埋晝暝陽光沉霧靄夜明月色照樓臺乾坤變態應難測秉取微涼暢酒杯

春陰風雨

風雨瀟瀟迷小坪籬櫳時動響微聲驚寒幾陣舞羣燕啼曉數行蔵亂鶯草色細浮煙淡薄桂

陰數影霧輕盈竹齋閒閱古今事嘆盡往來成
愴情

當春苦雨

當春會說雨如油何事淋漓景若秋陽彩纔騰
陰復暗雲霞方布靄仍收新盈糴種寒多伏已
實來幾連亦休願祝無私天地德還看隴畝盡
豐稠

蟹殼帶

遊遍江湖傍石磯嘉禾飽食體充肥風和日暖

露杪曝月皎星稀霜正飛偶入漁笭誠可歎乍
離鰕侶已相違奇形自有良工識製作腰間帶
一園

竹鷄

二麥豐收半夏齊鞿林方聽竹鷄啼長陽雨道
收泥滑輕霧嵐峰得靜蹊啄步從容隨自適飛
翔來往任高低于今不共荒山侶修羽雕籠自
在栖

次李五石草堂韻

晷影銜山夕照紅回光返映酒杯中脫巾逸興聯珠客攬轡忘懷控玉驄曉向郊原無檢束歸來詩句已盈筒虛亭翠篠週環處此樂先生勝醉翁

臨江清興

公餘凭倚靜觀瀾影湛天光四面寬燕雀衝風迎薄暝魚龍吹浪濺腥寒層漪瀲灩酒深濃細柳扶疎拂曲欄試向江干發清興靈臺磊落自多歡

春陰

曖日藏雲半作陰名花相襯影沉沉餘香不伴層樓靄佳色無成短筆唫惱亂離腸騷客意紛飛迷却蝶蜂尋韶光豈沒繁華地立見文奎第一簪

擬元人黃松瀑題碧桃韻

夜月沉空影照幃輕顏笑蹊帶朝暉玉龍海底翻銀甲白鷳華亭振繡衣沉瀣微微青女降先朦隱隱蒙減淺風怡上苑無零落不許羣芳作

亂飛

遣門下遜學題簫杖韻

南山野竹截良形隨鑿跡星且伴行暫弄月中
幾番護調風外自和鳴悠悠萬籟長空寂添
瑩三天曉露清肯入廟堂同柷敔諧韶六律和
情成

錦江發舟

錦水粼粼淨若油天華散彩霞中流風恬不起
華龍檣渡靜甚浮畫鷁舟遠色設含村樹濃野

光相合石苔幽胥懷泰樂無羈絆好向沙堤共
白鷗

送冉村南侍御回京

憲節西回面
紫宸太微北上照華紳兩川風來江山壯四牡
星軺草木春青鎖遠分民瘼慮丹懷終荷
聖恩新錦城惜別還題句僻壤澄清感重臣

遊道院鉢堂

北極玄穹覲紫微綺雲冉冉鎖雙扉鶴鸞頂上

旋星弁龍虎山前振羽衣鍊液還丹當自默思
神守靜莫相違晝青身內精靈爽夜白虛中脉
望飛

詣觀桂溪有作　金華山祭掃遣使經此

門前碧水抱清流廣殿分香下綺樓玉兎藥成
千戶夜金蟾丹結滿林秋沉沉影湛山河寂杳
杳光涵海宇浮昔向佳原瞻勝慨乎泉未似此
山幽

迴文七首

新春紀興

茅前晴柳知春始遠嶺南枝叠落花斜吹謾侵来閣牖夕陽低照射窻紗霞横鬭陣鵶蔵樹月漾波羣鯉宿沙華露滴松蒼徑滑懶蜂慵蝶倦飛衙

其二

衙閑政暇身心懶静卧幽窻上日華沙立鷺雙拳曉霧塞穿鴻隊帶晨霞紗新試剪輕裁正紵舊蹊紛紩敝斜花苑馥芬香秀蓋草山青蒨蓋

茶芽

其三

芽茸草望連堤遠岼夾舒容野笑花斜抹半林
煙鎖簾淡籠雙牖霧侵紗霞殘對艇漁歌晷日
落歸鞭牧踐沙華月轉樓鐘啓來晏堂宣鼓退

公衙

其四

倚寞別紐辭留瀨寞寂閑餘過歲華沙際起鷗
衝淺渚海濱來鶴背輕霞紗巾氅服頻容淡短

筏褰衣倚仗斜花覆鏤墻春正豔野塘平水剌

鍼芽

其五

芽開柳絮飛空遠白片飄簾舞雪花斜滸押鴛

眠煖隰大梁高燕拂清紗霞輕散彩鸞翔漢地

靜行紋蟻篆沙華色減深春已暮往来蜂譩報

曛衙

春齋陰雨

樓高起韻角聲悠靜院春寒伴客愁漲水泛花

閑蕩蕩野雲迷草斷浮浮籌移漏轉更初兩燭
傍香微書色收幽枕獨聽頻徹夜蚕歸心去巳
難留

端陽

盈杯酒美糉堆盤艾虎懸門百眼看鶯亞耀花
榴火噴燕穿迷葉柳烟繁明陽午景方開宴永
晝嘉時謾樂歡清節好酬令喜近傾罇巳對月
光閑

長春競辰藁卷之十一

長春競辰藁春之十二

歌行類

七十二候圖歌

青帝回春歲華改東風入律氷初解坯穴纔看
蟲蟄揚池塘已見魚鬐擺忽覩河邊獺祭圓唈
唈候鴈北来旋草萌早向薺心出木動還於柳
眼先降蔓次驪斗旋卯夭桃試花紅雉小倉庚
睍睆弄好音猛鷹變化為仁鳥玄乙紆幕如有
情阿香車驚列缺明三月穀雨桐華絢田鼠化

鴽虹始見池面揚花糝白綿波心浮萍呈翠鈿
鳴鳩拂羽春雨晴戴勝降桑蠶績編立夏轉薰
風螻蟈鳴池東蚯蚓緣階出王瓜綴實紅苦菜
成穫靡草休黃雲已郭麥先秋綠陰深護螳螂
斧紅鷂凋零鳴鵙喉反舌無聲避朱鳥鹿角平
茸解林表鳴蜩日際炎晷長半夏風前藥苗好
小暑游來渾未覺溫風習習褰簾幕屋壁纔容
蟋蟀居山崖已見蒼鷹學大暑炎炎紅鏡曉夕
見涿螢輝腐草句句潤土散溽蒸時時大雨蘇

秸稿大火西流屬孟秋涼風西至早颼颼垂垂
白露零簷角嘒嘒寒蟬咽樹頭飛禽應候誰能
悉鷹鸇祭鳥林間出天地始肅肅乃成禾稼登
場塲工畢仲秋八月鴻鴈來兒童亦道鴈門開
燕從社後辭巢去鳥自羞糧誰所媒秋氣平分
轉旋穹天收其聲雷不作百蟲蟄蟄盡坯戶鷙
窒云云水皆涸寒露入言曉節佳鴻為賓客也
雛家雀投大水變為蛤蜊綻蹊籬黃繁花霜降
百工皆按堵野豺祭獸以祭祖原隰蕭條草木

黄地籟無聲蟄虫俯良月小春立冬近水始成
氷寒日進地凍長河坼似龜雉入大水潛爲蜃
逡巡小雪同雲暮雄虹雌蜺藏何處天騰地降
兩不交閉塞如城深且固仲冬大雪寒威深鶡
鴠迎陽鳴已噎虎交山處谷風緊荔挺出時霜
滿林日在牽牛冬至起蚯結蚓蟠槁壤裡觭觭
麋閒角解麋溫溫井底泉躍水去歲小寒今歲
又鴈聲北向春將復雀尋高處始安巢雉入寒
烟相對雊星回月窮大寒時鷄乾乳雛如乳兒

驚心厲疾飛尤勁水腹凝堅凍未澌五日一候如鱗次一歲從頭七十二和氣致祥玉燭光歲華紀麗金門事天王月令布明堂所重無非農與桑千年堯典聖之訓七月豳風予猷念深宮覽古多閒暇聊命丹青寫圖畫題詠慙非擲地聲惜陰何啻連城價

乾清日麗歌

碧落清明澄一掃羲和馭日初開曉曈曈擁出海門東五色凝空騰八表八表重輝普照臨森

羅萬象混元成當陽九五風雲壯陰伏遐陬嚮
火平欝蔥佳氣靄宸居百辟臣工仰太虛普天
率土荷鈞覆熙皥容光隨地舒人君出震向中
陽盛德當朝燭四方君子道隆小人息猶如大
明既出貀鼠皆潛藏日為君象理自然格于上
下古今傳包羅豈為浮雲蔽杲杲原無薄霧毫
嗟予奉藩惟秉禮緝熙敬止常爾爾寸心敢自
怠昭晰旁燭邦家千萬紀

東方朔偷桃圖

層巒突兀彩雲倚氣接蓬萊九萬里蒼茫弱水不勝舟中有神仙萃幽止盤松屈欝注靈根未許靈根化青兕漢兒偶度海門遊鶴唳清霄不老秋玉桃偷得三山出袖壓先春一攬收倉皇歸去已無迹回首煙霞尚未收本是大羅天仙流不應桃熟試三偷覺來上帝厭遊戲謫向塵寰還自脩悠悠世事等浮雲過眼繁華逝若流乃知造物乃有定修短何緣智力求是時上方喜仙術旁搜遠訪俱蒙錄一朝骨相難自晦獻

作朝家食君係才獻來見濟時能落落僅以滑稽目自從失意擬俳優簌粟無由飽飢腹若王莞悞感詼諧待詔金門資俯育追憶當年事事非恍如夢寐成蕉鹿嗚呼陰陽晝夜理何殊學仙幻妄真何愚名教之中有樂地此身奚用自為諛丈夫正氣塞天地少事茫昧終踟躕我歌此意據先傳愧無巨筆為揚揄占今難辯偽與真至今寫作偷桃圖

方春喜雨有作用趙孟頫題嶧陽原韻

九天沛澤歸帝宗透達大地高下同欣欣喜見
土膏動鳩聲屋角爭鳴雄枯溪陰澗忽充溢燒
痕淨洗青山容未應使者驚龍出乾坤生意如
源通東漸碣石已無閒西沐崑崙千萬峰遐陬
僻壤且被澤豈但天府千里中造物由來不可
測等閒霶沛神功鴻長江此景更瀟灑張波傾
浪飛雲蓬明當雲散雨亦歇曈曈日出扶桑紅
田家共喜事東作還看處處同休風

獨立觀潮圖

如山𩊨激堆銀雪奔雷聲撼波濤烈神鷹奮迅
下天衢獨立高岡擅奇絶雙鋒翮健未稱爲捷
疾岌昂呈素質星眸炯炯耀靈光日射熒熒連
爍碧霜鋼皎潔若舒舉四海滄溟猶醮霜複老拳
錐利羨豪雄掌握縱橫空八極有時一聲鳴潮
間不獨簫韶應六律𩆮威震怒爾紛擾狐兎茫
然潛懍伏君道平平福慶臻邪奸碌碌咸休息
雄氣能俾羣鳥驚萬載家邦欽柱石

蘆鴈歌

煙汀露冷寒蘆竭入夜城頭霜角咽旻空征鴈
寒邊來嘹唳數聲天外徹回翔逐影下秋田歛
翼俳佪還自集閒情不爲畢羅驚何處菰田寒
水平小灘舟靜鮪初肥任是宿食仍飛鳴風霜
霧雨俱無礙南北東西隨所在向來朔漠每倉
皇此日湖湘無係累吁嗟蠢動皆有知未若爾
鴈能識時風高沙冷稻粱微避寒就暖無愆期
乃知氣化交亭毒匪直勞徠歌於詩畫功繪此
非無由要觀靈羽知邊籌于今塞上狼烟息一

統華夷萬載秋從此何煩足繫帛鳳麟郊藪同

優遊

宮堦瑞蒿歌

倚堦瀦水生蓬蒿獨莖挺挺三尺高彷彿微風

時動揺欹斜柔軟如柳梢晨昏每翫奚為勞金

罇傾飲夜迢迢鵾筋為絃石為槽鐵撥韶音響

沸濤泠泠聲滴期警露恍惚松峰鶴翔舞君不

見昔稱堯天及下土五日一風十日雨

萬竿煙雨圖歌

環澗娟娟更瀝瀝拂潤龍髙潟空碧曉烟橫暝
鎖前峰邈爾蒼顏同一色書窻靜聽瀟瀟鳴恍
疑萬騎相騰驁鏗鏘戛擊雜煩耳一雨洗却飛
塵輕蒼茫曙色開東景非暗非明浮四境遠看
渾若青鸞翔近愛猶疑碧虬引濕翠濛濛點上
積彷彿湘江帶午濤餘凉綠映侵緗帙擬在江
南興逸髙或憶渭川嗟直節亭亭易見心或感
淇園思貞姿不改堅剛志滿葉爽氣自清殊四
壁風生無俗騷霜枝玉幹幾暄凍獨抱虛心終

不二秀潔孫髙古所聞子猷獨造隣家門脫巾
露髮何瀟灑不見此圖蒼玉文予觀此圖何茫
然變化無涯在筆椽髙懷原有與可力興来一
掃千年傳勿令剪伐青流雲淡掃晴煙護此君
奕世綿綿益堅節東風歲歲生龍孫

啄木鳥歌

晴林響木名禽飛穿雲激霧流斜暉稠桑密槐
互相啄丁丁時聽如寒機尾堅啄利銅鐵刺綘
髻垂映斑斕衣紅桃碧李多生蠹頻尋窟剔無

停住寒暑去來無定巢輕風細雨多芳樹牧唱
樵斤雖自驚密羅高弋未忘情貪鷹飢鷂時飛
擊葉下枝邊暫斂聲

嘉靖庚子歲秋八月二十日予因左室修
飾宮壺是日補謝間忽有中侍顧玉得山
禽獻於予前小而黄緑羽莫知其名予曰
美矣今以酬謝士位乃再止于庭呼而下
之蓋亦祥矣作瑞禽歌

有鳥有鳥身小奇唱聲未畢來何之羽毛潤緑

如絨剪胷臆深染黃金姿性馴渾若從茲養特
向金門絕羅網偶獻宮庭宜靜看還疑奇物來
雲幌不羨鷹鸇擊雄可堪此鳥足幽賞露下
天高秋氣爾瑞毛珍羽無驚觸物瑞時清國祚
長青殿無窮緜大祿

自笑娛

自笑娛自笑娛丹經寶籙非欺吾吾知神氣養
真固留形羽化寧虛無驅名走利愧碌碌海上
還因問若木白雲黃芽合自成閬風亦許開銀

屋玉液瓊漿沆瀣生笑招佺偓共吾傾金盤何
用承霄漢我已招回體自輕豈惟瀟灑水雲鄉
清風徐徐飄羽裳羽裳飄飄洞天傍洞天風景
隔陰陽紅塵不到烟霞處日月流環無定住更
見城東丁令歸歷盡千塵萬劫度

瑞應歌

卿雲天上現靈芝函德生甘露喬松貯祥風遶
戶盈化洽唐虞治謳歌堯舜明歸王咸率上何
慮不昇平

苦寒行

玄冥握令驅滕六乾坤萬里寒嚴肅彤雲布野遠天低簌簌飛花散奇玉綿延迴道三尺深九衢四陌壓彌屋穿幃擊戶怒聲號巽二施威在茲速時時剪割肌膚苦凍指淋漓有如刃生鱗肢體莫能伸拆裼蒙茸更相複連朝入夜色迷漫空山裂帛催林竹搓牙古木偃虬枝潢潦無波凍紋甃凴虛一望鳥藏形僵仆穴中獸潛伏老猨口禁不能吟野鶴斂羽埋冠宿邇避地裂

漸成窩咫尺河平無所續萌芽夭夭盡勾尖草
木零零豈榮樸陰崖脫骨石劉鱗簷溜萬堯懸
氷軸依爐擁炭考形骸沸酌銜杯裘更脈呼吸
鼻中酸急癖開吹牙內侵如鏽老漁蓬底手何
舒孫樵山徑難睜目藍關道上阻行人何亟當
時稱馬足嗷嗷萬口衆生怨明見天工暖猶復
寒消九地轉陽春但令四海瞻晨旭

田家行

霡霂連朝春雨晴偶聞鶻鳩枝頭聲老農荷鋤

出紫扃迤邐望入丘塍行回看東曙日未明殘
蟾猶照桃花坪雞犬傍户聲相驚一天淑氣藹
和平柔風蕩漾水紋橫柘桑茂育稻苗青隴頭
少憩祝心誠願取今年豐歲登芃芃禾黍俱實
成賽神列俎筐筥盛斯時不負太倉盈萬姓黔
黎鼓腹稱謳將村酒自相傾忻然衆合盡其情
街山落日夕霞橫歸鴉點點飛來輕牧竪遥吹
短篴清牛羊連絡相追征山妻稚子候門迎燈
前濁酒同醉醒坐苫擁膝細論評呼婢添燈杯

還傾

鸜鵒來行

鸜鵒來秋天高空山風冷野猿號安得家飧助汝膏黃金爲鎖玉爲條雕籠轉側何其勞鸜鵒來胡爲哉高飛遠越鳳凰臺紅豆玉粒且自足一身綠翠非凡材鸜鵒來楚江水芳洲草樹長如此籠中紅嘴空分明感慨當年正平字

擬洞天仙遊

鶡冠鶴氅身飄然韓衆相呼來洞天蒼霞縹緲

青巒前空崖玉竇飛紅泉瑤枝不枯春年年璧月不夜羅天圓祥霏瑞靄迷旌旗駕風御霆呼鐵船凌霄絕壁那寅緣飛回醉向彩雲眠起黃白石供君羣仙笑看火裡栽氷蓮黃芽白雪敲紫烟倦亂戲我催神鞭鶴胎毛臂隨翩翩庚方月上張初弦共讀枕中鴻寶篇洪崖局終歸玉川桃花流水空濺濺

擬元人鄧敬瀟湘圖韻

崩沙斷岸江雲起晴烟競逐山光紫涵空一碧

渺無垠九江七澤連雲水漁村舟埠宵相望葦
市嵐霏濕客裳蘭汀芷岸覓荒騷落日啼鵑楓
萬章畫師似為靈均寫落英誰來薊盈把莫向
章臺說伍員至今臺下無車馬斑竹娟娟峅峅
秋英皇目斷九疑頭翠翹龍舳無消息淚逐寒
波千古流

和瞿存齋四時詞

春

朝暾初上消殘雪谷口新聲鶯弄舌芹香歸燕

理危巢樓殿晝長鑪篆結柳風拂鬢亂鬖髿花雨無塵淨碧紗聽起小窗恩情自適笑觀童子泛龍茶

夏

荷葉欲遮雙翠尾擢花鬚綴園絳蔕閑亭飛閣自薰風簾捲湘江千尺水琴罷池臺雨過時晚凉明月上樓遲徙倚闌干遣幽興碧筠烟淨數螢兒

秋

琪樹西風秋意緊霜華夜合琉璃冷月明河漢
寂無聲零亂堦前叢桂影倚樓長笛是誰家悵
望危闌雁字斜蕭瑟紅閨事刀尺幾迴無語卜
燈花

冬

同雲凍護山茶吐旋空朔雪龍鱗舞堦前寒壓
玉麒麟帳側煖融綠鸚鵡雪晴纖月露宮眉不
捲珠簾出戶遲試問玉兒春幾許東風一夜上
南枝

壽松翁

皇天開運祚蕃昌兆茲厚土育豐穰華陽有松千丈強冲霄直幹凌秋霜獨立慷慨鐵心腸近承雨露萬年芳清高貴惜保堅剛盤根屈蟠色蒼蒼中藏琥珀含丹房駐顏何許日月長昨宵已見星垂光知爾益算介眉康曉迎喜氣溢洋洋玉華散彩芬天香雲間清珮珊琳琅孤矢帝遣來增祥玳遶晃耀開明堂捧觴交錯盛璚漿胎仙飛舞雲悠揚波臣踊躍形顒昂我今不入

蟠桃鄉大椿豈足羡蒙莊如松如栢如陵岡祝
爾偕此何計量悠悠天地期無疆

仲冬獲鵰

纔逐劉風便盤摶髙迎殺氣凌雲角霜翎雲翮
益雄健玉爪星眸獨翻綽不住蒼山還碧落豈
防四野列華襮百里一聲齊擁掠歡呼萬姓閙
城郭乃知自謂無虞若何期咫尺到繳縛想爾
平生立山嶽老拳利爪那能落豪氣制物摯鋒
鍔何如華表僊玄鶴蹁躚九霄遍寥廓吁嗟從

今直上鳳凰閣從今直上鳳凰閣

擬春遊踏青　用元人韻

門外香車不十里陌上行人若流水杏幃柳幄
萬人家青春盡在豪華裏鳳頭款款輕蹙沙亭
亭裊裊顏如花韶光如酒醉嬌目不知花月籠
窻紗燕歸鶯寢蝶欲宿晚風暖弄雕闌竹歸来
更列華燭筵不惜連宵樽蟻綠

桃源圖　擬韓退之韻

洞天窅然烟溟涬千秋奇蹟今荒唐碧水流花

百餘轉春風燕語空茅堂昔聞秦人祖龍著狼
猺鰡賊厄天下何如桃源秦末知不須辛苦相
爲辭丹丘玄菟竟何及原隣舊里同於斯穿僻
枕奇便爲室頻忘寒暑長春日桑麻藪地無户
門古朴熈熈自成俗東風原陸皆桃花熏情闢
目鋪醲霞浮生永世隔城邑逍遥彷彿神仙家
人間漁子悞何所側耳溪邊聽人語衣冠不識
意茫然突向門前作賓主糟妻稚子皆惘然驚
問何客今何年江山咫尺實萬里花溪莽徑誰

相傳須更感慨欲歸去待餞杯盤亦殊異吁嗟

晉俗好虛奇似向癡人談喻寐險韻雄文往往

傳唐傾宋逝亦堪驚乾坤今古類轉燭萬事休

論僞與情方今

聖明無外顧駕五看三天下慕熙熙耕鑿任天

真未聞山谷留餘人

和東坡四時詞

春

畫樓玉笛金梅落剪剪輕風穿繡幙烟堤細柳

縷香茅露幷天挑粧靨萼曉寒料峭冷侵肌欲嬌閨情悶阿誰珠翠懶修扃洞户枝頭恰恰聽金衣

夏

紅萍日上奕敲来薤葉湘波文簟冷紫鸞聲斷碧簫閒翠鴨香消金鼎靜曼睩脩娥桂葉顰粧臺睡起懶梳勻徙倚迴廊時竚立隔簾鸚鵡巧應人

秋

金風一夕俄驚綠琅玕韻滿篔簹竹夢回螢火閙三更人靜蛛絲懸四屋小院迴廊戶半扃瀼瀼玉露下中庭金粟玉蟲燈未燼丁東萬戶擣衣聲

冬

戍樓曉咽霜天角斗帳生寒驚被薄三更凍漏咽銅壺萬里同雲凝碧落宿酒初醒聞曉鴉地衣紅皺踏麻霞迅電流光人不覺小春已到臘梅花

擬夏曉行

玉龍漏急催更短晨雞喔喔啼行館萬里長途
馬一鞭馬聲樹頭猶款款殘星寥落東隅開柳
條霧鎖烟籠街僕夫漫指前村裏酒旗揺曳依
乎臺蒼茫數點青山杳漠漠古道飛塵埃幾回
青眼重経處草碧天涯溪滿樹鄉關可望不可
歸畏日熏人愁百緒

長春競辰稾卷之十二

長春競辰藁卷之十三

古樂府類

香奩八詠 擬元人韻

翠袖啼痕

粧匣無香鴛被單畫屏獨倚鮫綃寒含情燭底悄無語翠袖玉啼珠淚斑淚斑恐漬苔堦土欲拔猶傷腕雖舉何必東風憐落紅閨房寂寞桃花雨

黛眉顰色

夕陽半落天之西城頭啞啞烏亂啼小樓天遠望不極雙眉蹙損春山低匣中縱有髯蛇膽魚鴈不來愁更憐天涯京尹便歸來也應憔悴花容淡

月奩匀面

清曉轆轤轉金井寶奩一片鸞光冷細掠犀梳雲鬟濃玉纖調膩朱鉛騁香霧蝕光驚笑呵柔羅翠袖更輕磨花鈿獺髓猶狼籍入戶花陰已漸過

水盆沐髮

香鬟擾擾春雲綠淺淺蘭湯卸釵玉鏡鸞袖捲試纖手香濕雲濡半曲局宿脂餘粉已全消繡室清風生薄綃花陰尚占雕闌曲重挿搔頭全雀翹

繡床凝思

粧閣壓埋鸞鏡光鳥聲花影晴晝長停針不語鎮如醉比翼未成心已傷紅嘴分明怪鸚鵡柔絨密線俱愁縷芳心一寸遍天涯芭蕉又戰黃

昏雨

金錢卜歡

寶鏡晨裝蕙麝烟歸期一擲黃金錢天耳遲遲天目近大壯東來鳥卦船幾番綺語聊相慰五日為期六日未不惜金釵持贈人卦影仙人誰姓費

香塵春跡

雲揩月地如銀潔春風不動沉檀屑謾憐兩瓣印金蓮更討鳳頭剛半折輕盈欲逐香雲浮闌

千未出還嬌羞陳王漫道淩波小秦交齊奴逕尚留

霜杵秋聲

入夜清霜桐葉乾征夫萬里關塞寒砧聲未歇腸已結粧臺不見歸青鸞何時駕鴛被重暖倦意遲情停玉腕啾啾虫語益近人起望牽牛目空斷

踏歌詞 二首

玉女搖仙珮瓊宮朱戶張月移花影亂風拂桂

生香玉液金盤沉沆瀣夜何央

又

庭院花初落樓前月轉更銅龍催夜急鑪裊篆烟清枕畔夢醒天未曉聽鷄鳴

漁翁圖

山杳杳水潺潺步出柴門早遥瞻曉日高漁翁獨上輕舟去一網鮇收北海鰲

芙蓉花 古體

昨夜有花開今曉有花開昨夜花含露今曉花

帶霧秋江江上老漁翁搖曳扁舟謾逐風得魚沽酒樂淘家君不見芙蓉花

禽言 古體

行不得也哥哥相呼相喚可柰何黃陵廟前春日晚湘江雲深寒暮波梅嶺樹深芳草碧苦竹叢中烟雨多行不得蚕歸来黙然飛上越王臺

禽言四絶

其一

不如歸去萬山叢木遮来路更向枝頭呌數聲

叫得血流無用處不如歸去

其二

脫却布袴心勞日夜勤機具縱有天邊織女来
令無薫永當時遇脫却布袴

其三

行不得也哥哥迢遙旅客愁途多瘴烟之中難
轉側暮天何處落誰窩行不得也哥哥

其四

提葫蘆葫蘆歲来無錢沽若得錢時即沽酒儀

狄至今沒形模提葫蘆

步虛詞十首 擬唐韋渠牟原韻

其一

羽服翩翩士聯班玉陛通星冠明曉日雲珮迹天風蓬島三山並森羅萬象同捲簾分燭彩昇謁五明宮

其二

霞袖拂翩翩玄中道自然銀河一海接金闕五雲連寶笈三天篆璚書億萬編遥空鈞樂奏蓬

島集羣僊

其三

方外瀛洲客神京凫上郎飛符除魍魎舒目覩
明光金簡榮玄極星衣面紫皇鏗鏘朝奏裏頫
顒九天鄉

其四

龍虎碩俳佪真官羽撒催寶壇烟乍啓遼海鶴
飛來守道天關闥存誠秘户開黄庭胎結聖飛
上欝羅臺

其五

金鐘散彩烟華壇降衆仙三成歸十二一海納羣川來表騰銀漢丹砂種玉田山中功行足上徹大羅天

其六

手昂爇名香祥風佀日長讚揚數寶象持戒演靈章延聖排仙仗迎真列炬光未須先謁帝且禮五師堂

其七

清景開黃道雲霞擁萬神坎离分子午金玉合玄真月出孫庚候丹成九轉春拱宸瑤闕近鵷列羽班人

其八

閶闔列雷營騰章達道情寶函看註籍玉籙已題名叱水分官將飛符遞吏兵神霄天令詔授誥入仙鄉

其九

旌飾綵顏鱻空濛匝地烟遍通三界境馳驂龍

重天進跡中宸陛投詞俯聖前獨尊惟道大五斗保延年

其十

一炷心香舉歌鳴衆鳥催肅恭登玉府惟謹對瑤臺珍珮珊珊振仙裳縈縈裁仰瞻雙鳳輦飛下碧空来

步虛詞四首 擬後周庾信原韻

其一

元皇肇一炁渾混始初開輕濁分高下三才啓

後来龍輿飛止闕鳳篆響中臺六氣和均轉羣
陽以道迴青鸞臨殿陛白鶴出蓬萊已得真玄
訣彌消萬劫災

其二

玉清垂教法得就道功初煉養飡玄露飛昇上
紫虛一九歸宇宙萬象總堪輿瑞鳳至堯曆神
龜出禹書道人宣寶籙宰相謝金魚履踐層臺
閶闔看大壑墟

其三

羽人憑道力推轉阿香車二氣分明晦三辰散
皎霞石穿流谷霤雲斂淨南華瑞彩籠金室琪
顏遍玉花欲兼雙白鶴飛向帝君家

其四

旗節羅雲藹麾幢雉扇高九天隨上下六合任
遊遨玉洞三豐草瑤山萬歲桃開函數輿籙發
匭執書刀遣將飛符去光驅惡孽逃

塞北曲

塞上霜深草黃薄落日荒荒瞑沙漠天空夜靜

刁斗鳴戍樓風冷聞悲角鴈飛斜度關平城吽
侶呼雲如有情邊人聞此欲腸斷嘯看烽火關
門行殺胡報漢心背竭枕戈傳箭何時歇旄頭
有星瞰北先不向關山望殘月

烏夜啼曲

烏夜啼烏夜啼雌雄偶失誰與齊相呼相喚棘
林冷雌雄相顧恐相迷空山月冷無更漏荒野
霜淒衰草迷烏夜啼烏夜啼荒凉何所栖

採蓮曲

輕舫平湖採蓮歸波光蕩漾侵羅衣棹歌聲中
笑語微笑語微漸來促請君聽採蓮曲

鳳笙曲

金葉銀簧攢錦笙昆丘妙曲彩鳳鳴斷續參差
揚且聆揚且聆向緱山月明夜鶴背聞

採菱曲

清溪舟女蕩槳行翠翹彷彿間金英雜遝迤邐
喧採菱喧採菱猶未辭歌聲罷有所思

遊女曲

春堤細草蒙茸發尋芳士女歌且歌珠翠瑤簪
髀雲髮髀雲髮倦欲歸花陰下踏明月

月節折楊柳曲

正月

谷風振鳴條亂鳥初飛來料峭作寒朝折楊柳
幾度倚闌人空閨獨難守

二月

夭桃破玉顏春光淨荏苒轆轤鎮日閒折楊柳
悵望天一方俳佪獨自取

三月

暮春引華桐三更月上枝杜鵑叫東風折楊柳
人遠岐路遙簾櫳日沉酉

四月

紅蕖開滿池下有雙鴛鴦游泳自相隨折楊柳
人生若浮雲別離那可久

五月

葵榴砌畔植爭開數朶花薰風来静室折楊柳
艾虎懸長門佳辰强杯酒

六月

炎暑雲張火萬國紅爐擁啓窻對北坐折楊柳
金椀盛蔗漿祝融爾何有

七月

凉風起天末牛女當斯會靈官催曉發折楊柳
地久與天長一歲一携手

八月

大火西流熒夜凉天似水露草度踈螢折楊柳
靜聽搗寒衣斷續來風幃

九月

黃華甘露移皆言令人壽九九度上期折楊柳
開遍東籬傍千秋為君壽

十月

凛凛寒威薄雲陰天不雨嚴風徹夜作折楊柳
惟松與竹栢青青映林藪

十一月

地凍北風號萬木皆枯悴惟檜獨其操折楊柳
擁爐酌薄酒樽寒浹春否

十二月

水澤腹堅時四序難言盡除夕又元期折楊柳

年華荏苒過窻前日陰走

閏月

積日成閏餘三秋復一度日月何居諸折楊柳

人生能幾何清尊莫停手

古調轉應曲七首

雙燕雙燕畫棟朱簾深院春風拂拂差池飛去

飛来影移移影影移影青草長安路永

其二

鶯語鶯語輕囀垂楊叢處幽人午夢初醒照眼

榴開滿亭亭滿亭滿納凉靜依窻畔

其三

秋草秋草秋草近來黃老堦前堦後蟲聲千里

萬里鴈鳴鳴鴈鳴鴈邊城度空夜半

其四

衰柳衰柳凛凛北風巷口堆檐朔雪茫茫扁舟

獨駕夜長長夜長夜回首小村幽舍

其五

銀漢銀漢飛轉玉輪光爍旅人望斷家鄉天涯海角道長長道長道鷓鴣啼時路芼

其六

羅袂羅袂舞向東風還嚴于今歌舞罷休不說層樓遠悠悠遠悠遠日上觚稜光短

其七

鸞鳳鸞鳳百鳥相隨鳴動翩然飛下雲空停身棲在碧桐桐碧桐碧六翮朝陽光赤

憶江南曲

春去也野馬無所羈試看碧桃輕逐水更兼燕飛絮化流澌閒情只自知

鷄鳴曲

鷄初鳴明嘹照華屋鷄再鳴晴霞騰東谷武文濟濟羅列班聖君警蹕朝儀肅燁煌火焰庭燎裏千尺燈籠望宮起滿殿時焚百和香鷄人報向晨樓址龍驤虎衛謹嚴齊但令五鼓聽啼鷄啓明燦爛升蒼龍月光未沉相對紅

又

銅龍漏水箭轉更喈喈喔喔初鷄鳴東方未明
月尚白便欲攬轡君門行再鳴鼓翼輕風至鼓
角聲悲催客去三鳴漸漸呼來低翹首初開曙
色曦齊姬警晨憶朝集祖逖初聞起舞時只說
鷄鳴在指咫不說窻鷄共宗語

關山月

塞上草已黃月冷胡騎疾夜深見烽火邊徼多
消息將軍出塞去馬馳霜草白笳聲咽遠近千

里同光潔前鋒更追截胡馬半遺歡三邊氣益
雄墩堡多寧謐耕牧如内地常照關山月

玉階怨六首

燕子雙雙入珠簾日日畫雕梁空自語幽思竟
誰知

其二

落日下西土長空風雨多應嫌蒼蘚滑玉輦幾
曾過

其三

黃昏上疎燈門閉如荒寺夜夜焚天香願君憐我意

其四

螢火忽搖光空堦望裏長舊簾漾新月陰暗不成粧

其五

繞枝花滿樹匝地芳草肥捲簾看上下俯首淚偷垂

其六

銀河星斗爍銀燭夜階明永巷朝朝掃龍輿不見行

詠蟬

出自污泥中蛻形寄枝杪咽咽吟晨風淒淒帶芳草蘼蕪垂晝漏長時送琴音好冰簟卧書齋神定無煩擾悠然午夢醒高抗更閒叠高槐映禁林垂柳依官道時當玉露零氣肅維商顥夕陽照半銜西沒遶岑小入夜更淒清明河星月皎幾度謾沉唫獨共秋光老

冬日登城望峨山

偶上北隅城四顧景寥廓遥峰觀朝明一帶如
銀焯層層青著峰疊疊隱蔵鬆輕盈羣鳥飛淺
淡浮雲薄迥窮八表間高出萬象莫日月自升
沉星斗還定若絶頂其可臨極目杳緜邈或有
神僊儔杳渺難成約何以舒胷懷詩酒且為樂
俯仰終無礙天地果席幕

長春競辰藁春之十三終

長春競辰藁後序

宋儒洪邁嘗曰古今能文者多矣惟經緯天地鼓舞動植然後見聖人之化惟廣大高明闔闢造化然後爲王者之文 臣淄泛覽詞林歷觀藝苑殊體互興分鑣並驅含吐性靈繁然著作備

之迒閣藏諸名山斯永彰茂實
式表鴻猷矣赫赫我
明
列聖繼天立極
皇上稽古右文聖學精微敦一敷訓
孟覃
聖化樂育休明海寓嚮風

宗藩首善率
祖訓佩
聖謨以謹侯度以篤周祜禮極敬愛
行歸忠良文教之修風雅之道
彬彬然稱盛美矣仰惟我
成園天才秀茂意悟沖邁留情墳
典屬意篇釋紀時染翰風生壯

海之書感興操觚泉達東平之
頌蓋仰止我
皇上製作之盛斯不愧爲
王者之文矣臣淄幸侍
幃幄積有歲年嘗伏讀而繹思之
題曰長春競辰蓁者學務時敏
義取惜陰

睿藻閎深識見卓絶表跡則攄忠
忱之節禖祠則致祝禱之虔賦
體物而瀏灕詩緣情而靡麗遡
諸朴雅發之渾純雜五彩以施
章和八音而協奏金相玉振星
煥霞輝豈非所謂風雨爭飛魚
龍各出者乎文辭數十萬言詩

歌餘千百首名溢緗囊卷盈緗
帙不可殫述頃奉
令王殿下教令乃最其精華裒為
鉅集如左恭述道化之本源人
文之粹美庶幾揚盛軌紀清芬
立德立言垂之不朽後之讀者
睹手澤以興思存昌歜而追嗜

此其拳拳無已之情重有感於

斯文爾矣

嘉靖二十八年八月初一日長

史司右長史臣游淄頓首謹序

長春競辰藁後序 終

長春競辰餘藁序

蜀成王殿下長春競辰餘藁寔
睿藻之子冊也升菴楊太史以示
簡紹芳恭受卒業乃稽首颺言
曰逸豫之音多靡讙愉之詞鮮
工固也令
銀潢朱邸開國天府安富尊榮蔑

尚美而侈弗登諸心恴弗措諸
體游藝苑窮理窟搜奇抉隱擷
祕討元雲翰揮灑日無漏晷故
賸章脫簡鑿金玉而罔遺屑擬
宮詞百韻寀元樂府數十闋皆
托永巷籌景光推情素形還與
摸寫造物興寄塵表涵育靈警

以資詠歌者也先王平八風制
九歌定七音以奉五聲使人平
心和德協成其化者此其意歟
抑聞謹
二宮之度而餘無美豔之御服既
綴之衣而重緝揮金之篚緣綺
麗之情為恭儉之德推聲教之

妙著身政之實是故動天地感
鬼神賛
皇猷而化天下豈唯暉賁岷峨潤濯
江漢而已哉此海東平工書能
賦特流詞小技耳視斯廣哉熈
熈乎者殆覩龍光金鳳彩邀乎
不可及也已

嘉靖戊申中元日西壁山人舘
紹芳熏沐稽首拜書

長春競辰餘藁序終

長春競辰餘稾目錄

卷一

卷二

詩餘類

卷三

擬元人樂府

鴻歸浦即鴈兒落春遊二首

捲簾鴈兒落帶過得勝令春游

玉溪清即清江引春夏秋冬四首

慶宣和十首

淩波仙即水仙子春夏秋冬四首

一半兒春夏秋冬四首

黃鶯兒即風花雪月四首

出隊子十一首

武陵春即小桃紅十首

長春競辰餘藁目録

長春競辰餘藁卷之一

擬古宮詞

遲遲更鼓夜初長挑盡孤燈倍慘傷耿耿銀河天欲曙幾番不寐到晨光

其二

梧桐葉落正悲秋秋雨淋漓小院幽心事滿懷將付去御溝不復水平流

其三

芭蕉窗外戰秋聲細雨斜風滿禁城枕剩余餘

愁百結柔腸千縷夢難成

其四

重鎖深宮倦繡牀晝長日影恍鴛鴦午窻困睡愁偏勝却恨鶯聲柳外忙

其五

風拂踈枝敗葉零倦聽寒螿立空庭糢糊乍見螢光閃錯認萬藪鬼火青

其六

自向閒堦悄悄行天風吹下管絃聲不知玉輦

遊何處獨立金堦暗數更

其七

無語凭欄㨂淚潸雙眉蹙蹙鎖春山可憐空長
形宮裡一世光陰半世閑

其八

纔看春到又春回花落繽紛點綠苔簷外鵲聲
空自喜幾時報得好音来

其九

日上幽窻曉正温眠看春色欲消魂時光迅速

如流電滿腹愁腸豈敢言

其十

無情飛絮撲寒窻有意文鴛睡暖江信是宮中
真寂寞梁間惟見燕成雙

其十一

日落西山景漸昏六宮各自掩朱門銀燈孤照
誰成伴且抱衛蟬被底温

其十二

花落花開不記春幾分春色燕沉淪飄窻盡日

黄梅雨冷淡粧臺鏡裡人

其十三

五更枕畔聽鳴雞簾幕風清曙色淒獨卧空牀

淹病久藥中那得見靈犀

其十四

深宮寂歷靜無譁悶倚雕闌望翠華目斷行雲

天杳杳黄昏時節見歸鴉

其十五

何日佳期許抱衾瑤琴塵暗絶知音偶看堦下

垂楊綠牽惹懷春一片心

其十六

半掩殘燈半掩明前生薄幸在今生凄凉最苦秋宵永風冷蛩伴雨鳴

其十七

靜院深深晝悄然戮時好夢得們天良緣美結由前定重續來生五百年

其十八

漠漠愁雲鬱更添終風和雨濕虛擔重門掩却

無情思暗悦名香手内拈

其十九

玉輦瑶堦久不過瑶堦芳草自成窠長天空有昭明日不照離宮豔綺羅

其二十

一從齠齔入昭陽燕語鶯啼幾斷腸梧樹宮前空自老等閑不見宿鸞凰

其二十一

鸞鏡生塵十載多羞看嬌影舞婆娑殘脂剩粉

無人歸隨水流来漲御河

其二十二

戰袍千領賜邊陲碧線紅綿手自知有恨不須
傳詠出彩毫金管自題詩

其二十三

玉音清曉下遙天魚貫宮娥立數千徧撒殿庭
金橘子競中拾得寵恩偏

其二十四

觚棱月上晚嵐空影透房櫳冷帳中孤枕蕭條

魂夢斷滿腮紅淚濕西風

其二十五

金殿巍峩架六鼇朝陽杪上映黄袍試看粉黛
三千裡得侍君王福自高

其二十六

君王院手著金盆内侍相隨入殿門休道不霑
新雨露其中各自有承恩

其二十七

内家園裡早春時滿院宫娥摘豔枝縱有逐香

蝴蝶戲君王那得見嬌姿

其二十八

青春一去豈重來轉轂韶光日夜催三百六旬空悵望朱門経歲不曾開

其二十九

天漢西流夜寂寥黃姑織女兩迢迢一聲忽聽南飛鴈淚灑西風濕翠翹

其三十

玉露侵階點翠苔金波穿牖共徘徊潛身坐倚

梧桐樹待學吹簫等鳳来

其三十一

空有華堂十數重等閑不復見君容俄聽玉輦
聲纔過恨却監宮急急封

其三十二

五雲篤護鳳樓深風度時来斷續音樓上君王
自聽得盡知合院動秋碪

其三十三

香雨霏微陰復晴柳條嬝嫋未勝鶯韶華處處

宮應徧獨閑深宮自憐情

其三十四

草合離宮歲未除莎鷄野蝶遶荒居晝看落日殘光暝求共寒燈淡影疎

其三十五

睥睨鴉啼曙色明麗譙隱隱盡鐘聲各宮裝束焚香候只恐君王道院行

其三十六

新春天氣日和融九陌千門樂歲豐惟是宮前

傾耳聽懽聲沸入五雲中

其三十七

碧桃花外杜鵑啼往事縈心意欲迷反覆佳音
成惡夢覺來紅日下簷西

其三十八

默默心情向阿論纖腰瘦怯畫中人良辰美景
番成恨忌却新春與舊春

其三十九

深宮樂事賞年華巧女金盤剪綵霞纏得綠絨

雙鳳結秪應獻上大官家

其四十

君王翌日宴長春霖雨迷漫濘土壓特令滿宮来覓比一時懸挂掃晴人

其四十一

春暮流鶯語漸稀倚窻撫景泪沾衣簾纖微雨濛濛拂零落殘花片片飛

其四十二

聽名闕請度流年舉目常看咫尺天落盡殘紅

春又暮牆頭芳草亦堪憐

其四十三

夜風撃户動簾旌魂夢飛揚體自驚幾度孤燈明復滅起來玉漏正三更

其四十四

旭日騰輝捲繡簾蟠爐火煖碧香添就中無事遊廊遍佇看蛛絲結小檐

其四十五

長鏁深宮不見春自姿藤蔓作炊薪早夭欲雨

人聲靜蘚滿蛛絲戶滿塵

其四十六

向煖嬉遊笑語歡宮官忽道過金鑾傳呼聲急人皆避盡閉窗櫺紙隙看

其四十七

銀牀雨滴伴蒼梧香燼孤窗暗鴨鑪濕氣生寒人跡少紫苔重疊滿金鋪

其四十八

朱門倒掩有期閑寂寞愁看更轉哀赦色鈆華

誰巧飾氷匳慵啓別粧臺

其四十九

林葉搖紅蘸早霜金風飄冷入昭陽無才難學

韓娥事暗裡踟蹰斷寸腸

其五十

翁翠沉埋豈自由孤房恒守幾時休風凋月落

宮墻內知是人間又報秋

其五十一

新觀玉曆識正朔春運三陽謁帝居御座今安

圓閣子誼中欲置女尚書

其五十二

禁宮女三千室多下朱簾晝掩窻爲避春光

羞獨見花間恨殺蝶飛雙

其五十三

繡户朱門入望深連甍複道接樓陰日輪卓午

方眠起只爲清幽絕玉音

其五十四

日馭天暖上元春宮女咸觀樂歲辰盡向香爐

燒栢子家家爭勝請茅神

其五十五

新春又逼柳枝青金鏁瑤闕日日扃四面宮墻知事少滿堦晴色映踈櫺

其五十六

添得團爐炭火紅四圍閣子暖春風君王今廿開臚宴讌扆當中坐綠熊

其五十七

城外晴風捲薄塵傳言都道踏青人繁華滿目

閒如錦惟此宮中不見春

其五十八

禁堤垂柳拂長河習習清風一陣過六院不通

人語少一雙鸚鵡巧言多

其五十九

午樓聲起早朝鐘隱隱風傳到六宮縴幘鷄人

方唱罷合門整肅候宸躬

其六十

北斗闌干夜未央金罏侍女更添香穿窗月射

鴛鴦枕半隱燈光在小床

其六十一

獨卧空床倦不言半扃踈牖面南垣低簷霧鎖黃昏後投宿寒烏尚對喧

其六十二

深秋菊老傲霜枝蜂蝶紛紛尚未知碧瓦金甃寒信早油窻網戶愛晨曦

其六十三

猛拍闌干思悄然眼前離恨為誰牽窻崔簿帶

朝客雨宮柳低含曉色烟

其六十四

靜院人稀日又昏棃花零落閉重門愁腸萬結何堪訴倚檻支頤漬淚痕

其六十五

內池春水鴨頭綠上苑晨花猩血紅蜂蝶叢花鴛戲水一齊著意向東風

其六十六

簾垂夕殿閉朱門落日螢飛景色昏深院悄然

語寂含情不復遇君恩

其六十七

娥眉本願百年期豈作中途倏忽離靜夜存懷常寤寐宛如身侍在君時

其六十八

晴雀喧簷春意濃晝慵停繡小芙蓉歆屏自傾無餘事惟見穿蘂課蜜蜂

其六十九

布幕輕陰二月時曉陽光没峭寒微楊枝絮舞

風顛逐桐子花開雨亂飛

其七十

半落星河月淺輝六宮人盡掩朱扉景陽鐘韻來孤枕知是君王著赭衣

其七十一

嚴霜壓屋逼簾幃火燼銅爐力漸微宿酒尚醺慵倦起畏寒日午未開扉

其七十二

漏殘鷄唱曙光時壁月穿花影漸移欲畫愁眉

羞對鏡黃鸝飛上萬年枝

其七十三

宮墻西望對殘霞結陣翩飛遶暮鴉簾幕飄搖
風動處有情雙燕自歸家

其七十四

嘹軋一聲寒塞角悠揚幾陣暮天鴻沉沉清夜
西風急相伴淒凉到枕中

其七十五

深秋雲重黯長空陣陣飄來細雨濛半掩疎窗

孤院吟𧏙看墻外竹翻風

其七十六

綠竹脩脩隔短墻黃昏凄雨灑瀟湘夢回窓掩
銀缸冷蟋蟀聲中秋夜長

其七十七

鶴氅花開此土萱舞鸞蕉葉自森繁薰風亭館
無人到滿架荼蘼色一園

其七十八

亂鶯啼徹篆香殘柳外輕風射曉寒杏雨繽紛

黎葉綠翩飛羣燕舞雕闌

其七十九

穿堦細草茸茸出抱柳新蟬咽咽鳴却恨夭桃開樹遍枝頭又引杜鵑聲

其八十

斜陽晚映東窻赤輕霧宵横壯户青明月懸空堦草綠一簾春色入中庭

其八十一

淡影浮檐日已晡孤燈挑却自躊躇更長衾枕

寒侵體起繡廻文織錦圖

其八十二

二月風和燕剪輕頡頏拂掠趁新晴六宮盡捲朱簾待爭看勤將舊壘營

其八十三

桐子花開鎮日風伴飄輕絮點長空重簾不管春多少堦草芊芊綠幾叢

其八十四

婷婷十八小宮娃獨步探春立蘚堦翹首驚看

鬪雙雀不知雲鬢墜金釵

其八十五

漪漪水碧冰方泮拂拂條青柳漸交解凍東風初破蕾高枝始見鵲營巢

其八十六

點火桃開焰欲然横煙柳帶色方牽栗留鸝鳶難為共愛柳貪桃意各偏

其八十七

燕坐宮中思欲迷寒鴉鬪陣舞風低觚稜一抹

新塘上又見今朝日墜西

其八十八

宮漏聲殘水不添東隅吐白曉陽遲內庭鏁震千門閙十二璚鉤盡捲簾

其八十九

人人都道得神仙那得酈陽甘谷泉一水能令添壽筭深宮歲久不知年

其九十

仙遊曾說到天台劉阮重門夾道開任爾宮中

乘鶴皆等閒不肯下堦来

其九十一

君王宴樂上林東綵色香風錦繡中鸂鶒杓酌瓊華碧鸚鵡杯斟瑪瑙紅

其九十二

初春景霽正豐年宮女鞦韆鬥小繩偏戲把小繩梁畔挂笑聲相伴送鞦韆

其九十三

淅淅淒風入鳳幃終旬那復見晴暉簾纖微雨

侵堦濕喝喝橫空啄木飛

其九十四

涵虛亭上景風涼暖日微烘杏蘂香閑坐依欄凝覷處鴛鴦波裡漾天光

其九十五

金鏁重門靜院空翠華一去寂無蹤玉樓歌吹隨風斷滿地桐陰泣淚紅

其九十六

白雪漫漫積禁堤夜寒宮月照玻瓈曉來宮女

喧看處掃向盤中㹊猤猊

其九十七

蒼凉樓角上晴暉穴院歡爭浣滌衣礁韻丁東敲不斷轆轤咿軋轉如飛

其九十八

永日凝空火傘張碧波游泳兩鴛鴦亭臺勝有清幽趣時遞荷風入檻香

其九十九

雲響垣門金鑠合周環宮澗碧流長遙空一帶

玲瓏月依舊隨人照古墻

其一百

鋪堦素練涼蟾色凝漢清虛奕藾幽犬吠夜闌
涼似水星明空外薄雲浮

長春競辰餘稾卷之一

長春競辰餘藁卷之二

詩餘類

玉溪清

艷麗韶陽景無限風光濃盛深春攬轡踏芳塵青巒碧水正是供吟詠○歸来日匿銜西嶺敲入重門靜回看已被月明照徹一簾杏花影

齊天樂 夜景即事

簌簌秋聲鬧樹杪啾唧蛩吟堦道梧葉飄飄塞鴻音杳况是年華来到月浸闌干影漸射簷頭

光斜屋角芭蕉分綠明映虛窗渾似曉○閟思惟書寂好沉潍若長生武帝在否畫堂美宴公子王孫慢聽悠揚輕巧芙蓉耀目映水錦流霞風光內苑覽勝樓中試看沉醉倒

賀新郎 畫景即事

院深簾未捲倚危樓笑傲乾坤慢將書展乘柳陰中風彷彿靜聽蟬琴鳴遠唱午窗雞聲散慵堦砌庭除塵弗到伴幽軒那用歌喉轉萬億韶華無限○新抽細筍輕稍顫涵虛亭一水縈廻

層波疊亂予心頻覺渾無熱坐久焉勞紈扇看
角端爐香結篆遶憶清江舟裏夢暫憩蘆叢深
卧晚縱是月明何遠

隔浦蓮 雪夜即事擬周美成韻

芭蕉風搖翠篠院宇沉深窈萬徑滅人蹤千山
絕飛鳥雪漫壓砌草蹂窻外落霰如鳴沼短床
小○簾幙輕寒夜檠燭影斜倒推枕時看凝積
闌干渾曉傾耳忽聽敲簷鈴驚覺何羨身居江
表

二郎神 擬徐幹臣韻紙鳶

紙鳶異鵲偶舉放拽天邊影似燦欲輕衫看憑隨手青柳東風解冷拂掠端其然何曉雲外播揚真無病呈彩色繫腰纖毫為鬚影萍如鏡○何省急奔汗浥衣襟仍凝渺渺惓神厭鷂鶴飄起恢笑藪中解醒走線拂来晚光難駐聊應一時佳景延久立四望行雲目遍待歸聲靜

對芳罇

酌金罇萬事寬懷何理論家山眼界尚初醒恨

欲短歌天又昏

菩薩蠻 詠漁

遠岸蘆葭風瑟瑟孤舟活計烟波客巨口細鱗鮮霜飛秋早天○謾烹沽美酒極樂何能有萬里碧江清今宵月正明

菩薩蠻 詠樵

生涯身世奔忙裏烟霞漠漠爲清侶曉步入雲岑丁丁斵木深○夕陽光返照每聽玄猿嘯唄月上前山迢遙負擔還

菩薩蠻 詠耕

春初南畝方東作穡事農家生計薄好雨浥新畇勤犁足苦辛○柘桑鳴布穀漸看秧抽綠秧攏稻雲黃雍熙樂歲康

菩薩蠻 詠牧

煙凝渡口垂楊綠露浥山桃紅剪褥曉起逍遙山頻遊曠野間○數聲風外蓬清景幽然寂拂面晚風變歸來日已低

風入松 春暮

碧紗窗外五更風滿地殘紅杜鵑叫落朦朧月
一春今見將終眷戀荼蘼檻側徘徊芍藥亭中
○晝長香爐博山銅日轉簾櫳何由挽得青皇
住韶華若江水派東逸興惟憑酒寧寓懷猶寄
詩筒

糖多令 春遊早起

新月起東樓殘星爛不收聽雞聲三唱悠悠拂
面寒風霜力勁晨鴉羣集城頭○紅杏嫩香浮
淡煙籠密柳清溪横繫一輕舟穩坐雕鞍驕俊

驥杜鵑催惹春遊

憶秦娥 新秋晚色

晚霞赤晚霞遠映孤鴻隻孤鴻隻長空萬里晴光咫尺○羈懷目斷天涯客平川草色連雲碧殘陽西下又過今夕

點絳唇

春

麗日遲遲午風披拂侵衣袖暄和清晝嫩柳堤邊秀○倦倚雕闌靜看雲飛岫斯時候繁華錦

繡觸目春光富

夏

小閣涼亭荷香裡薫風微動閒時相共一枕池塘夢○醒到斜陽竹裏禽聲嚌頻嗟頌纔有脩篁何見棲雙鳳

秋

露下天高染林巒遍觀成赤書客蕭索杲日光顏白○望水尋山不到先生宅書萬冊竹深富戶時稱平安客

冬

萬壑千巖響松濤夜風成惡朱門深閉猶自掀簾幕○雪落漫漫屋溜懸珠珞寒威作紅爐初熾讓把金樽酌

臨江仙

春

踈瘦柳枝芽已滿聲聲布穀催農草堂幽僻面雲峰鷄冠同野態輪鞅絶塵蹤○風捲輕陰朝雨霽紅酣滿眼春濃橫橋新水漲溶溶得魚回

釣艇引鶴拄吟節

夏

午枕凉生林薄雨泠泠雲磵泉聲殘書讀罷立前楹鈎簾通返燕歌欄聽流鶯○數日未經溪上徑蒼葭箇箇新成桑麻暢茂可怡情前村烟樹裡茆屋午雞鳴

秋

風撼庭柯驚曉夢起看落葉盈堦晴暉皜皜照西齋雁行投古漱鶴韻度層崖○試問黃花開

未也侵人顏色殊佳秋醪新熟勝茅柴滌觴酬素景吟句遣清懷

冬

霽色經簷初雪庭梅幾點疎花壽詩筆閣謾沿嗟時光雖冷淡水木自清華○獸炭添紅餕煖呼童汲井煎茶幽居簡出脫紛譁一罇娛盡日手卷是生涯

長相思

山遥遥水遥遥山水遥 一望遥梧桐葉早凋

○風瀟瀟雨瀟瀟風凉　瀟院寂寒晨鐘啓麗譙

天渺茫雲渺茫雲天渺茫萬里長雲影共天光

○槐花黃桂花黃槐桂兩芬芳金風玉露凉

遠途平近途平遠近塵途一樣平花外杜鵑聲

○曉星明曉蟾明星月鬪華精催歸萬里程

夙別離今別離綠柳陰中鶯亂啼長安芳草迷

○日沉西月升西一出陽關延馬嘶愁人倍憐悽

滿江紅 詠幽軒夏景

竹徑生涼薰風進蟬琴悠切當午晝小樓兀坐靜中虛白片雲輕拂袖衫寬纖塵不染神清潔謾呼童汲水煑龍團消炎熱○琴歇操書停揭敧葛襟揮紈雪細點鏤鑪香燼無添設几閒書滿未縱橫堦下陽微時瞑滅看光華耀戶轉蒼穹太陰月

長春競辰餘藁卷之二

長春競辰餘藁卷之三

擬元人樂府

黃鍾醉花陰 慶中秋

良夜月明光皎潔萬里無雲一色樓榭盡瑩白天朗風清街市上人懽悅望銀漢如同白晝也卻正好擎盃賀這中秋節

喜遷鶯

露冷冷輕侵蘭麝風淅淅敲響簷鐵無歇遶迴瓣香靄篆結聽樓頭鐘鳴畫角咽恰初更天氣

也[illegible]銀臺上燒畫燭排金釵十二陳列

舞隊子

向金臺擲透紗窗月影斜西風颼颼墜梧葉
竹梢翻翻空自折把筆向芭蕉葉上寫
正三秋時節樂良辰好風月蘺邊黃菊爛金色
欄外芙蓉似霜雪愛桂子清香手內折

刮地風

聞樹梢秋聲景蕭索過堦前螢火明滅宿荒苔
促織聲哽咽叫的悲切 珠星光勝明月看明

月星勝光潔碧沉沉霞灣鎖天邊輪月轉移星
朝帝北現銀河素練白桂風生遠送來書合萬
籟寂靄四陌

四門子

望天街斗定母移徹憶長生和玉屑沆瀣生露
氣瀉貯金盤仙人掌內接絃管清餚饌設舞香
塵紅袖翠拽

古水仙子

勝蓬萊景象别奏簫韶音韻向仙闕引引引數

隊陛階看看看錦衣相接這正是美風流蹤此絕著香醪金鐏猶未廻再歡娛頻將詩才旁詠韶光風花雪月亦任教雲鎖楚臺遮

尾聲

一年宵景惟今夜不覺的兔魄西斜願歲歲莫教虛度也

一枝花

蜀都錦繡鄉內苑風光地蓬瀛新氣象錦繡繞華夷覽勝收奇偶到處多遊戲甚崢嶸真艷麗

高樓中風動畫簾遠亭外鶯鳴燕語

梁州

幾百曲堦除迤邐數十行竹徑參差並無些點塵侵砌可則見松山栢嶺芝圃花蹊綠蕉彷彿青柳依稀觀形壯詩客留題轉迴廊四闥通衢繞波瀾脩檻清漪越逶迤蓮池翠碧又一處磊巖山假崔嵬更有引泉添清水錦鴛鴦游泳多清致涵虛亭緊相對相對着翡翠樓頭是那帝胄室真可是難畫難題

尾

這軒堂包含景色誠言美物外清新分外奇四季韶華總歸此奪周天這氣數運流年歲度顧萬載

皇基鎮無比

鴻歸浦 即鴈兒落春遊

趁新晴紫陌行乘寶馬踏金鐙鞭揚外拂面風穠杏中侵衣映 端的是 入醉眼正春明覽韶華無限情看乱燕翩翩競聽嬌鶯嚦嚦聲賞心事

歡迎小橋畔芳菲徑過了些途程遠望見層樓上酒旗橫

又

無兒孫有甚高躂家私空徒勞恰也似風飄樹葉零雨打花枝落單丢下孤孤悽悽老枯條人生在世總浮囂韶華四季虛看邁九十日春光空自老酩子裏評駁地厚天高難言告每日家愁焦把我的九曲柔腸都碎了

捲簾鴈兒落帶過得勝令　春燦

向郊東草陌香漾塘池麗日舒凉陰柳小田庄
揚扇輕前席愰黄粱長境夢邯鄲上

玉溪清 即清江引

春

花開春來處處有綠遍紅嫣透鶯啼荏苒辰燕
語暄和候沽來一罇花下酒

夏

時當溫風透辣牖大雨時行後青旗簷外揺畫
舫池中走沽来一罇蓮蘂酒

秋

玉露金風月過酉大火西流候風高鴻雁鳴露

重寒蛩宿沽来一罇黃菊酒

冬

寒冬夜来客連叩出戶頻携手竹爐火初紅月

臘梅枝瘦沽来一罇桑落酒

慶宣和

簡子魚鼓隱世人松栢相親穿林入徑採芝莖

談鼓辨道修真我也辨道修真

又

入聖超凡難至難月滿欄杆笑擎盃酒强須乾

則睡到紅日三竿我也紅日三竿

又

五柳庄前陶令宅大似彭澤無限黃花有誰栽

似他們去来去来我也去来去来

又

覧勝樓東月鏡明湛露凄清曩將玉屑效長生

不如我樂道隨平我也樂道隨平

又

輕鞍寶馬逞世豪挾彈週遭興亡成敗豈能逃

不如我一醉醄醄我也一醉醄醄

又

萬斛乾坤春正深亘古亘今一丸造化渺難尋

不如我布袍粗襟我也布袍粗襟

又

衣紫腰金居至官不想艱難榮華富貴足為安

不如我披服鬆寬我也披服鬆寬

又

浩浩東洋無盡涯極目難測浮生世事豈知哉

不如我放懷放懷我也放懷放懷

又

一樹桃花武陵春問渡前津先代知機却避秦

不如我離脫凡塵我也離脫凡塵

又

拂耳松聲響翠濤風激清高幽窻閒聽啓詩豪

不如我笑樂陶陶我也笑樂陶陶

淩波仙 即水仙子

春

春山橫翠鎖明霞野色斕斑點數鴉層巒遠近堪圖畫看其中景趣佳嘆韶光萬頃精華樂忘憂天君泰無榮辱識瀟灑笑傲向天地裡為家

夏

金盤初湧火雲紅九陌浮埃撲面蒙炎威熾烈多方共坐池亭午思慵理絲絃囑付琴童遣琴有先賢志挽高人太古風對焦桐意樂在其中

秋

金風飄蕩曉松傍玉露初零幽徑凉白雲掩映虛亭上共詩朋遊翫賞展心懷笑樂徜徉飲盡了瓊花醲觀畫了景渺茫覽盡了一段秋光

冬

嚴威凜凜屬玄冥斗帳鴛寒宵夢醒窻標紙隙風聲勁驟簷鈴擊玉琤舞瓊瑤六出輕盈陳美食殷勤並列華觴次第行慶人事歲樂豐登

一半兒

春

無邊春色滿宮城譪譪和光暖自生桃李爭妍如繡錦燕鶯驚一半兒飛來一半兒鳴

夏

時當清暑日初長風遞芙蕖十里香獨倚凭欄閑翫賞避炎光一半兒煩蒸一半兒涼

秋

金神行令景蕭條淅瀝秋霖灑芭蕉窻外風敲驚夢覺夜迢迢一半兒心勞一半兒焦

冬

濃雲靉靆暮天低火滅香消冷狻猊遥憶情人魂夢裏數歸期一半兒愁懷一半兒悽

黃鶯兒

風

拂面透羅裳撒簾幃戶半張江湖時疊波光漾落殘紅過墻飛浮雲出岡巒前鐵馬聲嘹喨韻茫茫鳴窓送艇解凍柳堤傍

花

爛熳曉園開看韶華遍九垓深叢細蘂堪人愛蔭繁陰復增散幽香透懷蜂飛蝶繞柔枝外甚奇哉千紅萬紫春色滿樓臺

雪

飛絮舞簾櫳逐狂風下遠空寒威凜冽江河凍密漫漫濛白皚皚路充烹茶幾度閑相共小橋東藍關道阻凝積簇盈鬆

月

玉鑑湧蒼波轉澄空星畔過亭亭皎潔清光播

映滄浪閃錯掛青山半劃凭欄極目千方大慢

吟俄擎盃仃賞鸂影浸山河

出隊子

若說道幽軒清夜看週遭竹數園微風時動玉

鈴聲晝睡遙聞野鶴唳午日當牕猶未起

又

若說道幽軒清暇讀徜徉獨靜雅呼童汲水蔑

茶芽笑傲茫茫天地家何勞鎖心猿在意馬

又

若說道幽軒好過樂琴書自消磨無榮無辱孝忠

偏多無是無非恍更呵一炷香清養太和

又

若說道幽軒如畫四傍觀真瀟灑滿枝鮮果繞

枝花蝶倦如薰夢境佳試看蜂閙報曉衙

又

若說道幽軒景象望雲山堪載仰曉看輕鎖氣

迷茫暮對霏微色隱光夜半虛空音自響

又

若訪道幽軒真趣勝十洲誠無比洞天仙境彩
雲飛駐景蓬瀛燦曉輝閬苑亦同環翠水

又

若說道幽軒延壽無煩言無事憂塵中鬧內且
休休何必仙方更外求談笑風凝倚自有

又

若說道幽軒清靜憩仙山禽噪亂聲凡塵隅斷數
十程清隱書齋逃興生展翫黃庭內景經

又

六說、一軒日月、建壺景象列碧雞啼處處

天淵彩鳳鳴時暢、徹魚簡輕敲心更悅

又

六說道幽軒平淡翫松栢不易顔粗袍蠹飯不

辭難草履竹冠意自閑會見三華聚頂間

又

若說道幽軒識正翫高樓氣氤氳翠微亭下肅

歷氣涵虛池邊漾水澐斷欒歸來日未曛

又

次奈卬小桃紅

行也馳 馬輕韉 燈

耳茸柳陰濃 遊人衆仰前 土中聽

鶻聲遙呼如噴 紅

又

闌杆外日物醉戲把鞦 送仕女蔽蔽蹴雙

暮言口 閒閒情牘逐春光重墜雲髻半鬆插花

枝微重零落下小 紅

又

一不空澣眼數千重色一雙遊攜行從覽勝遊人亂交

新意沖沖趁時好把韶華共上朝陽猶聽一聲
忽纔動猛抬看小桃紅

又

和風淡蕩曉陽濃萬斛春光重上苑繁華滿目
中趣燕窮雕鞍寶馬頻遊縱視燕鶯飛冗覷蝶
蜂喧鬧亂鬧採小桃紅

又

春光初到北堂中適已興心偏縱畫棟朱簾影
令瑜景和節時蒲酒熟開新甕觀鸞笙未終聽

出小桃紅

又

仲春天氣煖昭融披拂清飈動長養惟憑造化
工喜色濃小園閑步遊堦空舒綠雲葉豐綻紅
霞顏重折一枝小桃紅

又

明窻淨几坐樓東小徑書誦瀟灑襟懷志無
蒙誼溶溶談揮一塵涼飈動捲珠簾控鉤俯危
闌遙送照眼小桃紅

原稿後缺